佟秋妹 著

江浙地区三峡移民语言研究

中国社会科学出版社

图书在版编目(CIP)数据

江浙地区三峡移民语言研究 / 佟秋妹著. —北京:中国社会科学出版社,2018.5
ISBN 978-7-5203-2687-2

Ⅰ.①江… Ⅱ.①佟… Ⅲ.①三峡水利工程—水库移民—汉语方言—方言研究—华东地区 Ⅳ.①H17

中国版本图书馆 CIP 数据核字(2018)第 127833 号

出 版 人	赵剑英
责任编辑	韩国茹
责任校对	张爱华
责任印制	张雪娇

出　　版	中国社会科学出版社
社　　址	北京鼓楼西大街甲 158 号
邮　　编	100720
网　　址	http://www.csspw.cn
发 行 部	010-84083685
门 市 部	010-84029450
经　　销	新华书店及其他书店
印　　刷	北京君升印刷有限公司
装　　订	廊坊市广阳区广增装订厂
版　　次	2018 年 5 月第 1 版
印　　次	2018 年 5 月第 1 次印刷
开　　本	710×1000 1/16
印　　张	13.75
插　　页	2
字　　数	224 千字
定　　价	59.00 元

凡购买中国社会科学出版社图书,如有质量问题请与本社营销中心联系调换
电话:010-84083683
版权所有　侵权必究

序

　　社会语言学诞生于20世纪60年代，是研究语言与社会共变关系的学科，它认为语言是"有序异质体"，会受各种社会因素的影响而不断产生变异形式，研究社会语言学可以更清晰、深刻地认识现实语言状况和社会语言生活。

　　佟秋妹在读大学和硕士研究生期间，对语言使用及其变化状况产生兴趣，特别关注方言及其变异状况，硕士学位论文写的就是徐州西北部地区微山湖一带湖团移民的方言变异问题，题目是"徐州西北部地区移民语言研究"。她对湖团移民的方言现状进行了田野调查，获取了较多的语料和数据，分析研究其变异和规律，较好地完成了硕士论文写作。2005年她报考中国传媒大学社会语言学博士生时，我通过江苏师范大学中文系苏晓青教授了解她读硕士时的情况，感到她的硕士论文写得很好，考博成绩优良，决定录取她为社会语言学博士研究生。作为导师，在考虑她的博士学位论文选题时，建议她调查研究三峡移民语言使用及其变异问题。她接受了这个建议，对三峡部分移民的语言及其变异进行了调查，并深入分析、研究有关问题，论文答辩时，受到专家的好评，被评为优秀。

　　三峡移民是我国迄今为止动迁规模最大、涉及面最广的水库工程移民，它对相关地区的社会生活包括语言生活有重大的影响。学术界对三峡移民的研究，多是从社会学、人口学、经济学、法理学、管理学等角度着眼，很少有语言学角度的研究。三峡移民多数来自西南官话区，而他们的外迁地区遍及官话区、吴方言区、粤方言区、湘方言区、闽方言区、赣方言区等我国几大方言区，这些方言区大多与西南官话差异很大。移民到了安置地首先遇到的就是语言交流问题，语言障碍不仅会使移民产生孤立感，而且也会影响移民与当地人的情感沟通和相互信任，这不仅不利于移民的生活、工作、学习，而且还会对移民安置地乃至更大范围内的政治、经济和社会生活造成影响，移民语言问题应该是移民安置工作中予以考虑的重要因素，所以对移民语言的调查研究具有特殊意义。

秋妹取得博士学位、参加工作后，继续关注、调查、研究三峡移民语言使用及语言变异问题，取得了新的进展。本书就是她在博士论文的基础上，对研究内容作了较大修改、充实、扩展、创新后的成果。书稿从社会语言学的角度，以外迁到江苏和浙江的三峡移民为研究对象，调查研究三峡移民群体和个案语言生活的真实情况及遇到的语言问题，并预测未来一个时期的发展趋势，为三峡移民政策的制定、修改、实施提供参考和依据，同时为语言学、社会学、语言规划等相关学科提供真实、可靠的材料及案例，以崭新的面貌呈现在读者面前。本书具有较好的理论和实用意义，值得读者一读。

陈章太
2017年11月5日于北京寓所永春斋

目　　录

第一章　绪论 …………………………………………………… （1）
　第一节　移民概述 …………………………………………… （1）
　第二节　选题意义及价值 …………………………………… （4）
　第三节　相关研究综述 ……………………………………… （7）
　第四节　调查方案及实施 …………………………………… （14）
第二章　三峡移民语言使用研究 ……………………………… （22）
　第一节　三峡移民语言现状 ………………………………… （22）
　第二节　三峡移民语言使用模式 …………………………… （27）
第三章　三峡移民语言态度研究 ……………………………… （63）
　第一节　语言态度概述 ……………………………………… （63）
　第二节　三峡移民的母语使用态度 ………………………… （65）
　第三节　三峡移民语言学习态度 …………………………… （82）
　第四节　三峡移民的语言主观评价 ………………………… （93）
第四章　三峡移民语言个案分析 ……………………………… （110）
　第一节　家庭内部重庆方言的年龄变异 …………………… （110）
　第二节　一家三代语言使用状况考察 ……………………… （130）
第五章　三峡移民语言与社会网络分析 ……………………… （136）
　第一节　社会网络分析 ……………………………………… （136）
　第二节　移民交换网与语言使用 …………………………… （138）
　第三节　移民接触网与语言使用 …………………………… （150）
　第四节　移民隐约网与语言使用 …………………………… （159）
　第五节　结语 ………………………………………………… （164）
第六章　三峡移民的语言接触研究 …………………………… （170）

第一节 语言接触 …………………………………………（170）
第二节 普通话音系、重庆话音系和安置地吴语音系 ………（171）
第三节 重庆口音普通话音类错误 ………………………（182）
第四节 重庆口音海宁话音类错误 ………………………（187）
第五节 重庆口音萧山话音类错误 ………………………（192）
第六节 重庆口音嘉善话音类错误 ………………………（197）

第七章 结论与思考 ………………………………………（202）

参考文献 …………………………………………………（207）

第一章 绪 论

第一节 移民概述

移民是贯穿于人类文明史、跨社会形态的一个社会生活的普遍现象，也是现代社会生产和生活的重要形式之一。

一 移民

据联合国人口基金1993年发表的报告，世界移民潮正以前所未有的速度发展。20世纪90年代以来，国际上的移民人口呈大规模增加之势。移民问题成了当今世界关注的焦点和研究的热点之一。在欧美学术界涉及国际移民的理论探讨中，其中较有影响的学说有新古典主义经济理论（Neoclassical Economics），新经济移民理论（The new economics of migration），劳动力市场分割理论（Segmented labor market theory）和世界体系理论（World systems theory）四种。

关于移民的确切含义，学术界存在不同的看法。葛剑雄等著的《中国移民史》指出："一般来说，移民是指迁离了原来的居住地而在其他地方定居或居住了较长时间的人口。"作者更明确地指出上述定义是"根据中国历史上人口迁移的特点和本书的宗旨"，而"为本书确定的移民的定义"[1]；《大美百科全书》指出："广义而言，人类的迁移是指个人或一群人穿越相当的距离而作的永久性移动。"[2] 有的工具书则认为："移民是指人口在地理上或空间上的流动，或在不同地区间的移动，从原住地移到目

---

[1] 葛剑雄：《中国移民史》，福建人民出版社1997年版，第23页。
[2] 外文出版社《大美百科全书》编辑部：《大美百科全书》，外文出版社1990年版，第34页。

的地因而居所发生变化。这种迁移是属于永久性的。"① 由此可见,"移民"一词具有两层含义:一是指参与迁移活动的人或人群,一是指一种行为或社会现象。本书所述的移民主要侧重于前者。

二 非自愿移民

非自愿移民是指迁移者自身在没有迁移愿望的状况下,由外在的力量促使其作出迁移的决定,如以行政或军事手段推行的强制性移民等都属于这一类。它是中国移民史的主流形态。葛剑雄教授说:"在中国移民史上人数最多的是两类移民:一类是统治者用官方的权力和财力加以引导、组织或强制推行的,以及在社会的或自然的外力压迫下大规模爆发的;一类是下层民众为了逃避天灾人祸,维持生存、追求温饱而自发进行的。前者不仅数量大,迁移的时间地点集中,而且移民中往往包括大批贵族甚至帝王、官吏、文人以及随同的艺人、工匠、商人、将士、奴婢等,因而迁入地的政治、经济、文化、社会等各方面都会受到重大影响。"② 非自愿移民在远古时代为中华文明的延续和发展提供了契机,如夏、商、周文明的诞生就与群体性非自愿移民密切相关。而接下来在中国传统社会发展中非自愿移民也一直是推动经济发展的重要手段和促进民族融合的催化剂,如明朝洪武、永乐年间及清朝顺治、康熙、乾隆时期发动的两次"湖广填四川"的大规模群体性非自愿移民,在中国社会经济发展中起到了重要作用。

新中国成立后,国家以史无前例的规模和速度进行国民经济建设,大量的水库、电站、公路、机场、港口、经济开发区的建设引发了大量移民。据估计,我国50年的经济建设所产生的移民约为4000多万人,其中,1950—1990年的40年间,各类工程引发的移民约为3150万人;1990—2000年的10年间,由于大规模的公路城市改造、水利、电力工程建设产生的移民约在1000万人左右。③ 可见非自愿移民是我国经济建设中不可回避的事情。

---

① 王云五:《云五社会科学大辞典·社会学》,商务印书馆1973年版,第125页。
② 葛剑雄:《中国移民史》第1卷,福建人民出版社1997年版,第141页。
③ 施国庆、陈绍军、荀厚平:《中国移民政策与实践》,宁夏人民出版社1999年版,第67页。

三 三峡移民

广义的三峡移民是指在三峡工程兴建过程中，由政府组织并采取多种方式进行搬迁和安置的大规模非自愿性迁移的居民。三峡移民采取多种安置方式，如分散外迁、集中外迁、就地后靠、投亲靠友等。根据《中国三峡建设年鉴》的统计，1999年10月和2003年1月，国务院先后部署三峡工程库区15.03万农村移民外迁安置任务。其中，由政府组织的重庆库区出市外迁到上海、江苏、浙江、安徽、福建、江西、山东、湖北、湖南、广东、四川11个省（市）的移民为9.34万人；重庆市内非库区县安置2万人，湖北省内非库区县安置2.69万人；重庆库区农村移民采取投亲靠友、自主分散外迁方式安置1万人。在2000年外迁试点顺利结束的基础上，2001年、2002年开始大规模外迁，2002年底共完成移民外迁安置14万人。2003年新增三峡移民外迁任务2.57万人，当年春季开始前期准备，2004年8月完成搬迁任务。

至此，三峡库区总共外迁安置农村移民16.6万人，占库区规划搬迁农村移民40.5万人的41%。其中，政府组织的前后两批三峡库区移民外迁安置共完成14.1万人（11个省市接收安置9.6万人，分布在232个县，1088个乡、镇的2000多个安置点上；重庆市、湖北省非三峡库区县安置4.5万人）；另有2.5万移民自主分散外迁到全国20多个省市。

截至2006年6月，江苏省共接收安置三峡移民2380户、10383人。盐城市接收安置移民1718户、7516人，占全省安置人数的72.4%，分别安置在大丰、东台、射阳3县（市）。南通市接收安置移民662户、2867人，主要安置在如东、通州、如皋、海安、海门、启东等地。安置在盐城的三峡移民主要来自重庆市云阳县，安置在南通的三峡移民主要来自重庆市万州区。从2000年以来，浙江共安置三峡移民2104户、9128人。浙江的三峡移民被安置在杭州、嘉兴、湖州等3个市的15个县（市、区）的97个乡镇437个行政村。

从上面的统计数据可以看出，三峡移民是我国迄今为止动迁规模最大、涉及面最广的水库移民，这些移民能否得到妥善的安置，直接关系到三峡工程的成败，并对整个社会的稳定和发展有深远的影响。尤其是由政府组织的外迁到其他11个省市的移民占总移民的大多数，这些移民被迫抛弃自己的土地和家园，背井离乡到了一个完全陌生的地方，他们能否在当地安定下来，并真正融入当地社会，这不仅对移民本身是一个严峻的挑战，而且对移民安置地乃至更大区域内的政治、经济和社会生活都会造成重大影响。所以自移民开始之初，三峡移民问题就引起了国内相关部门和学术界的广泛关注，并取得了许多有价值的研究成果。

第二节　选题意义及价值

社会语言学研究的是语言和社会共变（co-variance）关系，它认为语言是"异质有序体"，会受社会各种因素的影响而不断产生变异形式。"社会语言学就是要联系社会来研究存在于现实话语中的各种语言变异，找出各种重要的语言变异与社会因素的相关规律，并从这种研究中，找出那些具有发展趋势的语言变异形式，用来指导我们对语言发展的干预。同时也从语言变异的研究中，寻找历史上语言变化的痕迹。"[①] 因此社会语言学比其他语言学分支学科更加关注现实生活中鲜活的语言及正在发生的各种语言变异形式。在中国，语言研究有联系社会的优良传统，当前中国的语言关系也迫切需要社会语言学家的关注，如汉语的推广、语言国情的调查了解及语言规划的制定等。

三峡移民的语言问题是整个三峡移民问题中的一个部分，对移民的成果与社会稳定、经济、文化等方面的发展意义重大。所以自移民开始就引起了社会广泛的关注。已有的三峡移民问题研究，多是从社会学、人口学、经济学、法理学等角度进行研究的，从语言学的角度研究三峡移民问题的很少，而从社会语言学的角度进行研究的更少。三峡移民多数来自西南官话区，而他们的外迁地区遍及官话区、吴语区、粤语区、湘语区、闽语区、赣语区等我国几大方言区，这些地区的方言有不少与西南官话差异很大，移民到了新的环境首先面临的就是语言问题，语言不通直接影响他们的交际与生活，这就在一定程度上增加了移民的不安情绪。在新的环境下，移民目前的语言使用情况是怎样的？他们如何跟当地人沟通？他们的语言能力及语言学习能力如何？在日常生活中语言问题给他们造成了怎样

[①] 陈松岑：《语言变异研究》，广东教育出版社1999年版，第32页。

的困扰？他们如何看待及处理这些困扰？他们对于普通话、重庆话、当地话的态度是怎样的？这种态度对他们目前的语言使用状况、语言能力及将来移民后代的语言选择、移民口中的重庆方言的保持有何影响？他们目前口中的方言有什么特点？移民的语言使用情况、语言能力、语言态度，在一些社会变项如性别、年龄、职业、文化程度、移民时间上是否存在群体差异？这些问题都值得我们进行深入的调查研究。

一 理论意义

（一）有利于社会语言学理论体系的进一步完善和深化

著名语言学家萨丕尔曾指出："人人都知道语言是变异的"，但是这之前语言学家大多是把语言研究限定在理想中的纯粹的人的语言，从一个理论假设出发去寻找抽象的普遍语法或语习得机制，排斥语言变异，把很多的语言材料和语言问题也排斥在语言研究之外。社会语言学把语言和社会联系起来，认为语言是"异质有序体"，它受社会各种因素的影响而不断产生变异形式。变异是社会语言学研究的核心内容，是普遍存在的一种社会语言现象，是语言演变发展的具体表现。社会语言学的变异理论认为，语言的不断变异是语言的一种特性，语言正是以许多变异形式来满足社会的需要，发挥它的社会交际作用。三峡移民的语言问题是我国工业化进程中产生的社会语言现象，他们的语言在新的环境下会受到各种因素的影响并出现各种新的变异，对于这种现象的调查研究，可以为社会语言学研究提供更多的语言材料，对完善、深化变异理论及语言与社会共变理论有重要意义。

（二）有利于促进移民语言问题的深入研究

移民对语言的分化演变有重要的影响，欧洲的语言学家在19世纪后半期以印欧语为基础，创建了语言分化的谱系树说，这一理论是比照达尔文的生物进化论建立的，谱系树说认为原始印欧人的迁徙造成印欧语分化为不同的语族，每个语族又分为不同的语言。

事实上，中华民族移民的历史可以追溯到始祖黄帝时期，移民在远古时代为中华文明的保存和发展提供了契机，而接下来在中国传统社会发展中，移民也一直作为促进经济发展的重要手段和促进民族融合的催化剂，汉语的几大方言区也就是在人口的不断迁徙、流动中分化、演变并最终成型的。而在这几大方言区中的大大小小的方言岛,也大多是源于历史上的移民潮。我国学界对移民语言的研究多是从方言岛、双语双方言、语言接触等角度进行,采用的多是传统语言学、方言学的研究方法,关注的对象主要限于历史上形成时间较久的移民,是对"既成"的语言事实进行分析,属于"追认"式的研究,而对移民语言发展变化做系统性跟踪式记录研究工作较少。三峡移民作为我国历代移民潮的延续,作为正处于"进行时"中的语言变化,对于移民初期语言状况的研究,既可以为今后三峡移民语言问题研究提供相应的参考,同时也可以与以上的相关研究相互补充和印证。对于新中国成立以来的大规模移民的语言问题,如"大跃进"、自然灾害、"三线"建设引起的人口大迁徙,及"文化大革命"、知识青年上山下乡引起的人口迁徙,还有我国工业化进程中的各种工程移民,都没有进行深入的调查研究,而从社会语言学角度调查研究移民语言问题则更少,所以本书的研究可以为我国今后移民语言研究提供新的尝试,并积累更多的材料。

二 应用价值

(一)可以为语言政策和语言规划的制定与实施提供材料和依据

语言规划、语言政策的制定,应该从中国的国情出发,这就需要对实际的语言情况进行认真的调查研究。陈章太先生在《语言规划研究》[①] 一书中曾指出:我国当前的语言规划还存在一些问题,如对科学研究重视不够,语言规划理论基础比较薄弱,对社会语言生活和社会语言问题的调查、研究不够,对有些问题的论证不够充分,所以有些语言规划活动和做法科学性有所不足。本书通过实地深入调查获取第一手资料,并以社会语言学的理论方法进行分析研究,希望以此为我国的语言规划和语言政策的制定提供可资借鉴的材料和依据。

(二)有利于我国移民问题研究和解决,促进移民更好地融入当地生活,保持社会稳定

三峡工程作为当今世界最大的水利工程,它能否顺利进行,难点在移民,关键也在移民,三峡移民只有融入当地生活才能真正做到"搬得出、

[①] 陈章太:《语言规划研究》,商务印书馆2005年版,第32页。

稳得住",而这是个长期适应的过程。在这个过程中,语言是其中的重要环节,也是三峡移民首先要面对的问题,因为没有与当地居民的语言交流和沟通,移民对当地的生产和生活的适应就无从谈起。长期以来,人们对三峡移民的关注多集中于社会学、人口学、经济学、法理学等方面,对于移民在语言方面的问题关注甚少,虽然也有学者对移民在语言方面的问题做了描述,但大多寥寥数语带过,没有做深入的分析。笔者认为对语言问题的研究有利于弥补三峡移民研究中的不足,深化对三峡移民问题的认识,有利于移民安置政策的制定和实施,并且为我国以后工业化进程中移民的安置提供参考。

第三节 相关研究综述

中国的移民史由来已久,前贤已经做了许多关于移民语言的研究工作,其中有许多都是从方言岛、双语双方言、语言接触等角度进行的,如:李如龙、陈章太的《碗窑闽南方言岛二百多年的变化》[1],黄谷甘、李如龙的《海南岛的迈话——一种混合型的方言》[2],梁玉璋的《武平县中山镇的"军家话"》[3],李如龙的《福鼎县澳腰莆田方言岛记略》[4],李如龙、陈章太的《闽语研究》中对南平市北方方言岛、顺昌县埔上闽南方言岛都做了详细的调查,郭熙、蔡国璐的《丹阳市埤城的河南方言岛》[5],张树铮的《山东青州北城满族所保留的北京官话方言岛记略》[6],游汝杰、徐波的《浙江慈溪的一个闽语方言岛——燕话》[7],陈晓锦的

---

[1] 李如龙等:《碗窑闽南方言岛二百多年的变化》,《中国语文》1982年第5期。
[2] 黄谷甘等:《海南岛的迈话——一种混合型的方言》,《广东民族学院学报》(社会科学版)1987年第4期。
[3] 梁玉璋:《武平县中山镇的"军家话"》,《方言》1990年第3期。
[4] 李如龙:《福鼎县澳腰莆田方言岛记略》,《福建师范大学学报》(哲学社会科学版)1985年第2期。
[5] 郭熙等:《丹阳市埤城的河南方言岛》,《徐州师院学报》1991年第2期。
[6] 张树铮:《山东青州北城满族所保留的北京官话方言岛记略》,《中国语文》1995年第1期。
[7] 游汝杰等:《浙江慈溪的一个闽语方言岛——燕话》,《语言研究》1998年第2期。

《广西容县客家方言岛调查记》[1],李连进的《南宁近郊平话方言岛》[2],苏向红的《浙北吴语区长兴县的河南话音系》[3],黄晓东的《浙江安吉县官话方言岛研究》[4] 等。

  这些研究对岛内所使用的方言从语音、词汇到语法都做了详细的描写,并且与岛外方言进行横向对比,分析它们的异同及相互影响,也有不少文章把岛方言与移民来源地方言进行纵向对比,试图从有"语言活化石"之称的岛方言来还原该方言的历史原貌,并追溯其演变轨迹。在积累了大量材料的基础上,学者们也开始对方言岛的研究进行总结,游汝杰在《汉语方言学导论》[5]中对方言岛的含义、地理形状和类型、成因、演变以及汉语方言岛的概况作了比较全面的论述介绍;庄初升的《试论汉语方言岛》[6] 一文从方言岛的成因、地理类型、双方言交际及岛方言所受包围方言的影响四个方面来论述方言岛的一般问题。曹志耘的《论方言岛的形成和消亡——以吴徽语区为例》[7] 在对吴徽语区内的方言岛的调查研究的基础上,讨论方言岛的形成和消亡问题。文章指出方言岛的形成有三种方式:填水成岛、蓄水成岛、隆起成岛,并讨论了移民与方言岛形成的关系,而方言岛的消亡有两种方式:渐变式消亡("融岛")和突变式消亡("淹岛"),即语言转用。随着社会语言学在中国的发展,移民语言的研究不再只专注于本体,有些文章也开始关注移民的语言生活状况,比如考察移民的语言使用状况、语言能力、语言态度,以及在各群体各阶层的分布等问题,如:郭熙的《对苏南地区河南话变化的初步考察》[8],郭熙的《苏南地区河南话的归属问题》[9],郭风岚的《消变中的科洛站话》[10],甘于恩的《四邑话:一种粤华的混合方言》等。方言岛一般都是

---

[1] 陈晓锦:《广西容县客家方言岛调查记》,《方言》1999 年第 3 期。
[2] 李连进:《南宁近郊平话方言岛》,《广西师院学报》(哲学社会科学版)2000 年第 3 期。
[3] 苏向红:《浙北吴语区长兴县的河南话音系》,《湖州师范学院学报》2003 年第 1 期。
[4] 黄晓东:《浙江安吉县官话方言岛研究》,博士学位论文,北京语言大学,2004 年。
[5] 游汝杰:《汉语方言学导论》,上海教育出版社 2000 年版,第 8 页。
[6] 庄初升:《试论汉语方言岛》,《学术研究》1996 年第 3 期。
[7] 曹志耘:《论方言岛的形成和消亡——以吴徽语区为例》,《语言研究》2005 年第 4 期。
[8] 郭熙:《对苏南地区河南话变化的初步考察》,《南京社会科学》1998 年总第 114 期。
[9] 郭熙:《苏南地区河南话的归属问题》,《东南大学学报》(哲学社会科学版)2000 年第 4 期。
[10] 郭风岚:《消变中的科洛站话》,《中国社会语言学》2003 年第 1 期。

双方言区，陈恩泉主编的《双语双方言书系》中也有一些文章对此给予了关注，如：王群生的《荆州"东边腔"语音的历史演变》[①]，潘家懿的《"军话岛"上的语言生活》[②]，胡松柏的《江西上饶县铁山乡多方言情况考察》[③]，以及徐瑞蓉的《试论长泰县石祭头双方言岛的形成原因》[④] 等。新中国成立以来，大规模的经济建设产生了大量的工程移民，对于这些移民语言状况的调查研究目前仍然很少，其中有代表性的如杨晋毅等对"中国新兴工业区语言状态"的调查研究，该研究主要着眼于不同类型新兴工业区的不同语言状态（普通话或方言）的分布情况（各种不同的语言岛现象）及其产生的原因，各种类型的新兴工业区的普通话和方言的使用特点，及其语言变异的各种形态及相关原因和规律，各种类型的新兴工业区的普通话和方言的冲突、消长情况、未来的发展预测。研究成果有杨晋毅的《中国新兴工业区语言状态研究（中原区）（上）（下）》[⑤]，杨晋毅的《中国城市语言研究的若干思考》[⑥] 等。

移民又分为境内移民和境外移民，截至1997年，全球的海外华人总数多达5000万人，分布在世界上150多个国家和地区[⑦]。随着对汉语研究的深入，语言学界也开始关注海外的华裔社团及他们的语言状况，国内的学者如李英哲、李如龙、杨贵谊、练春招、邹嘉彦、郭熙等都已就此发表不少研究成果。内容涉及语言本体研究、语言生活状况及语言态度调查、汉语使用水平、语言政策及华语教育等，这些研究的角度、材料和背景各不相同，但它们对于我们了解和认识该国华社的语言很有启发。陈晓锦的《马来西亚的三个汉语方言》[⑧]，对作为马来西亚典型社区方言的三个汉语

[①] 王群生：《荆州"东边腔"语音的历史演变》，《双语双方言》1992年第2期。
[②] 潘家懿：《"军话岛"上的语言生活》，《双语双方言》1997年第5期。
[③] 胡松柏：《江西上饶县铁山乡多方言情况考察》，《双语双方言》2001年第7期。
[④] 徐瑞蓉：《试论长泰县石祭头双方言岛的形成原因》，《暨南学报》（哲学社会科学版）2000年第4期。
[⑤] 杨晋毅：《中国新兴工业区语言状态研究（中原区）（上）（下）》，《语文研究》2002年第1、2期。
[⑥] 杨晋毅：《中国城市语言研究的若干思考》，《中国社会语言学》2004年第1期。
[⑦] 郭熙：《海外华人华侨分布》，《中国语言生活状况报告》（2005），商务印书馆2006年版，第56页。
[⑧] 陈晓锦：《马来西亚的三个汉语方言》，《方言》2003年第4期。

方言即吉隆坡的广东话、柔佛士乃的客家话和新山市的潮州话进行了详细研究。材料包括三个语音系统、3000多个单字音和2000多条词汇的三方言对照表，语法方面也分别作了详细的描写。全书贯穿了比较的方法，不但有三个方言之间的比较，还有和各自的祖籍地方言的比较，以及和移民地的语言的比较。萧丽燕的《马来西亚士乃客家话调查报告》[①] 对士乃客家话的语音和词汇进行了比较系统、详细的描写，对士乃客家话的主要语法特点也作了描述。邵宜、冼伟国的《吉隆坡现代粤语阳上变阴去现象解因》[②]，吴文芯的《马来西亚华语口语的语音特点》[③] 等都是从本体研究的角度对海外的汉语方言进行了关注。区域词、特色词的研究也得到了许多学者的关注，黄年丰的《印度尼西亚华语平面媒体特色词语初探》[④]，许迎春的《新加坡华语特色词语考察》[⑤] 选择印尼和新加坡华文平面媒体（包括当地华文报纸、杂志以及华人华侨作家作品）作为语料，通过比较、分析、筛选，从中搜索一些与现代汉语普通话存在差异的一些特色词语，并尝试从词形、词义、词源入手，对这些特色词语进行举例分析。相关的文章还有汤志祥的《论华语区域特有词语》[⑥]，刘文辉、宗世海的《印度尼西亚华语区域词语初探》[⑦] 等。不少学者也从社会语言学角度，从语言与社会共变关系及语言变异的角度考察华社的语言使用问题。徐大明的《新加坡华社双语调查——变项规则分析法在宏观社会语言学中的应用》[⑧]，以新加坡华人为范围进行了一项大规模的语言使用情况和语言态度的调查，内容包括语言使用情况的自我评估，以及对新加坡几种主要

[①] 萧丽燕：《马来西亚士乃客家话调查报告》，硕士学位论文，暨南大学，2001年。

[②] 邵宜等：《吉隆坡现代粤语阳上变阴去现象解因》，《广州大学学报》（哲学社会科学版）2004年第10期。

[③] 吴文芯：《马来西亚华语口语的语音特点》，第38届国际汉藏语会议，厦门，2005年10月，第41页。

[④] 黄年丰：《印度尼西亚华语平面媒体特色词语初探》，硕士学位论文，暨南大学，2006年。

[⑤] 许迎春：《新加坡华语特色词语考察》，硕士学位论文，暨南大学，2006年。

[⑥] 汤志祥：《论华语区域特有词语》，《语言文字应用》2005年第5期。

[⑦] 刘文辉等：《印度尼西亚华语区域词语初探》，《暨南大学华文学院学报》2006年第3期。

[⑧] 徐大明：《新加坡华社双语调查——变项规则分析法在宏观社会语言学中的应用》，《当代语言学》1999年第3期。

语言的主观评价，语言选择和转换的情况，交际场合及交际角色等信息，采用了变项规则分析法来进行定量分析，从更全面的视角解读了新加坡华社的双语状况。李如龙的《略论东南亚华人语言研究》①，是一部研究东南亚华人语言的综合性文集，内容涉及马来西亚、新加坡、泰国、印度尼西亚以及柬埔寨等国家华人语言生活的方方面面，主要有研讨华人所在国对华人施行的语言政策、描写华人语言的概况、论述华人与所在国居民语言交际的各种不同情况、论及华人语言与社会文化关系等13篇文章，对东南亚华人语言的现状和历史提供了翔实和丰富的研究资料。黄敏的《香港、新加坡、马来西亚华人语言中的语码转换现象》②，主要论述香港、新加坡和马来西亚华人的语言特征，以及由此引起的语码转换现象。王爱平的《汉语言使用与华人身份认同——对400余名印尼华裔学生的调查研究》③，作者依据对华侨大学华文学院（厦门集美）印尼华裔学生的调查研究，探讨华文教育断层30多年的印度尼西亚华裔青少年一代的汉语言使用与华人身份认同问题。调查表明，虽经数十年的严厉禁止，他们在印尼仍有一个汉语言文字的环境；他们程度不一地具有汉语方言的能力，是具有双语或多语能力的语言使用者；他们对汉语言的使用及认同与华人身份的认同意识密切相关。其他重要的研究成果如：陈松岑的《新加坡华人的语言态度及其对语言能力和语言使用的影响》④，萧国政、徐大明的《从社交常用语的使用看新加坡华族的语言选择及其趋势》⑤，邹嘉彦、游汝杰的《汉语与华人社会》⑥，刘丽宁的《80年代初至今新加坡

---

① 李如龙：《略论东南亚华人语言研究》，北京语言文化大学出版社2000年版，第5页。
② 黄敏：《香港、新加坡、马来西亚华人语言中的语码转换现象》，《新疆教育学院学报》2004年第2期。
③ 王爱平：《汉语言使用与华人身份认同——对400余名印尼华裔学生的调查研究》，《福州大学学报》（哲学社会科学版）2006年第10期。
④ 陈松岑：《新加坡华人的语言态度及其对语言能力和语言使用的影响》，《语言教学与研究》1999年第1期。
⑤ 萧国政等：《从社交常用语的使用看新加坡华族的语言选择及其趋势》，《语言文字应用》2000年第3期。
⑥ 邹嘉彦等：《汉语与华人社会》，复旦大学出版社2001年版，第53页。

华语使用状况分析及展望》①，郭熙的《马来西亚槟城华人社会的语言生活》②，李如龙的《华人地区语言生活和语文政策研究》③，陈美玲的《新加坡华语中的语码夹杂现象》④，张淑娟的《泰国华语书面语词汇变异研究》⑤，云惟利的《一种方言在两地三代间的变异》⑥。

华社的语言教育问题也是学者们关注的热点。如：卢伟的《菲律宾华裔青少年华语教育个案调查与分析》⑦，陈桂月的《新加坡社会语言土壤下的华语文学习——新加坡国立大学学生华语文问题探讨》⑧，郭熙的《海外华语教学研究的现状与展望》⑨ 等。

三峡移民一直是社会各界关注的焦点。他们的关注点多集中于社会学、人口学、经济学、法理学、管理学等方面，也积累了很多的研究成果，如：崔广平、郝玉章、马德峰、张翀、朱农等学者分别从三峡库区移民心态与安全移民政策、三峡外迁移民的社会适用性及其影响因素、三峡移民置换安置方式、三峡移民法律适用问题的成因、三峡移民心理状况分析等作了相关研究。虽然语言学界对于三峡移民的关注要相对晚些，但是现在许多学者也开始重视这个问题，并在不同的场合多次谈到，如原国家语委副主任、语用所所长陈章太研究员在2006年4月30日的《中国教育报》上发表的文章《我国当今语言生活的变化与问题》中就谈道："我国当今社会语言生活的第四大变化是，社会语言生活空前活跃、丰富，语言文字使用比较混乱。现在我国正处于社会转型时期，社会生活、经济生活、文化生活以及思想观念等发生急剧、深刻的变化；旧的状态改变了，新的状态正在逐渐形成，总的状态呈现为既丰富多彩又复杂乏序。在这种

---

① 刘丽宁：《80年代初至今新加坡华语使用状况分析及展望》，《东南亚研究》2002年第5期。
② 郭熙：《马来西亚槟城华人社会的语言生活》，《中国社会语言学》2013年第1期。
③ 李如龙：《华人地区语言生活和语文政策研究》，《厦门大学学报》（哲学社会科学版）2004年第3期。
④ 陈美玲：《新加坡华语中的语码夹杂现象》，《语文建设》1998年第10期。
⑤ 张淑娟：《泰国华语书面语词汇变异研究》，硕士学位论文，河北师范大学，2003年。
⑥ 云惟利：《一种方言在两地三代间的变异》，厦门大学出版社2004年版，第64页。
⑦ 卢伟：《菲律宾华裔青少年华语教育个案调查与分析》，《世界汉语教学》1995年第2期。
⑧ 陈桂月：《新加坡社会语言土壤下的华语文学习——新加坡国立大学学生华语文问题探讨》，《语言教学与研究》2006年第1期。
⑨ 郭熙：《海外华语教学研究的现状与展望》，《世界汉语教学》2006年第1期。

背景下，社会语言生活十分丰富活跃，语言使用比较复杂混乱。比如各种语言、方言的语音、语法结构成分普遍发生变异，语音、语法使用错误随时可见；词语极大地丰富，使用十分灵活，词语应用混乱现象比较普遍；新词语层出不穷，外来词大量涌入，古语词时有复现，字母词使用泛滥；城市社会方言正在分化，新的阶层方言逐渐形成，经理人员、私营企业主阶层方言、专业技术人员阶层方言等的雏形逐渐形成；特殊群体，如新新人类群体、农民工群体、小商贩群体、大规模移民群体、残疾人群体等的语言特点及语言问题逐渐显露；网络语言极其丰富、活跃，特点比较明显，语言混乱、失范普遍存在；还有农村城镇化的语言问题，西部大开发的语言问题，信息处理中的语言问题，等等。"关于三峡移民的语言状况研究目前我们所见到的只有为数不多的几篇，其中包括湖南师范大学的四篇硕士学位论文，分别是刘英玲的《湖南汨罗大荆三峡移民和当地居民方言接触初期的语音》[1]，吕俭平的《湖南省汨罗市大荆镇三峡移民和当地居民方言接触初期的词汇比较研究》[2]，蒋文华的《湖南省汨罗市大荆镇三峡移民初期的当地方言词类语法研究》[3]，谭四华的《湖南省汨罗市大荆镇三峡移民初期移民方言的词类语法研究》[4]。这一系列的论文采用方言学的研究方法，对湖南省汨罗市大荆镇的三峡移民语言与当地接触初期的语音、词汇、词类和语法做了定性描写，保留了该地区移民来到搬迁地后最初的语言材料，对于以后研究移民语言的变化提供了宝贵的参考资料。彭婷在《入湘三峡移民的迁徙对方言演变的影响》[5]中认为：不论是迁入地方言还是移民方言，在接触中的相互影响无非来自两股力量：一种是分化其原有方言的势态；一种则是对其原有方言进行保护。而两种方言

---

[1] 刘英玲：《湖南汨罗大荆三峡移民和当地居民方言接触初期的语音》，硕士学位论文，湖南师范大学，2004年。

[2] 吕俭平：《湖南省汨罗市大荆镇三峡移民和当地居民方言接触初期的词汇比较研究》，硕士学位论文，湖南师范大学，2005年。

[3] 蒋文华：《湖南省汨罗市大荆镇三峡移民初期的当地方言词类语法研究》，硕士学位论文，湖南师范大学，2006年。

[4] 谭四华：《湖南省汨罗市大荆镇三峡移民初期移民方言的词类语法研究》，硕士学位论文，湖南师范大学，2005年。

[5] 彭婷：《入湘三峡移民的迁徙对方言演变的影响》，《中南大学学报》（社会科学版）2007年第1期。

的演变方向也正是这两股反向力量同时作用的合力。入湘三峡移民虽然搬迁时间不长，方言的演变并不明确，但移民的数量、集中程度、社会地位、移民方言与迁入地方言的差异，这些影响移民方言的一般性因素，会对三峡移民产生重要影响。入湘三峡移民除了具有移民的一般性特征外，还具有新时期的独特性：总数大，而分布时间、地点不集中；西南官话与新湘语、老湘语、赣语、西南官话的接触；推广普通话的大背景；非自愿前提；多为农村移民；家族被分散。这为移民方言的演变增添了不少新的不确定因素，对方言学研究特别是社会方言研究有着重要意义。刘青松的《入湘三峡移民的语言态度及其对语言交际的影响》[①]，在2003年和2005年对入湘的三峡移民进行了大量调查发现，移民的语言态度呈现出纷繁复杂的局面，由于人们年龄、性别、文化程度，以及所处的环境、文化背景等的不同，往往对不同的语言作出不同的评价。入湘三峡移民身处多种语言（方言）并存的地区，对不同的语言（方言）持有不同看法：年龄越小、文化程度越高，越认同普通话或当地话；反之，年龄越大、文化程度越低，就越喜欢家乡话。移民的语言态度直接或间接地影响着他们的语言交际和语言习得。

第四节　调查方案及实施

本书运用社会语言学的变异理论、语言与社会共变的理论，从语言能力、语言态度等方面研究江浙三峡移民目前的语言状况，考察这种现象产生的原因、条件，以及在各个群体中的分布状况（概率）的差别。通过记录研究三峡移民的语言初始状况，希望可以深化人们对三峡移民语言问题的认识，并为我国移民语言问题的相关研究积累更多的材料和佐证。社会语言学不同于传统语言学的重要一点是，它吸收了人类学和社会学的量化研究方法，并与语言学中传统的定性研究相结合，在抽样调查的基础上得出具有普遍意义的结论。本书遵循社会语言学的研究方法，综合采用理论阐述与统计分析并重、定性分析和定量分析并重、静态分析与动态分析相结合的研究方法，运用均值比较、相关分析等统计方法，研究江浙三峡

---

① 刘青松：《入湘三峡移民的语言态度及其对语言交际的影响》，《中南大学学报》（社会科学版）2007年第1期。

移民目前的语言状况。

任何研究都不可能无的放矢，研究假设的确立和提出是研究课题的最初也是最关键的一步，它体现了研究者的研究指向，研究者只有确立自己的假设和构想，并用实证研究来求解，才能推动学科发展。本书的研究基于以下几点假设：

1. 三峡移民在移民前后语言使用状况有所不同。三峡移民搬迁后，由于周围的语言环境发生变化，他们在语言使用上会做相应的调整，在面对不同的交际对象、不同的交际场合，会有不同的语言交际模式，而他们的语言能力也会在交际过程中产生变化。

2. 三峡移民的母语忠诚、对当地方言和普通话的认同程度，直接影响他们的语言交际和语言习得，而语言态度是影响三峡移民社会适应程度的重要因素。

3. 一些常见的社会变量，如性别、年龄、文化程度、职业及移民时间等，会直接影响移民语言使用情况。

4. 三峡移民社会网络的结构、特点对移民的语言选择、语言态度与能力都有重要影响。

一　抽样方案

我们从2007年到2015年分别通过对从重庆云阳、万州两地外迁到江苏省9个县市和从重庆奉节外迁到浙江省的三峡移民的语言使用状况进行实地调查研究，以个案调查的形式，反映三峡移民语言使用的基本情况。

本研究采用非随机多阶抽样的方法确定调查对象，即不等概率系统抽样（PPS系统抽样）与整群抽样相结合的多阶抽样方法。具体取样的方法是，对县（市）、镇、村三级的抽样均采取按与人口成比例的不等概率系统抽样（PPS系统抽样）；对抽中的样本村实行整群抽样。

江苏省三峡移民分布在盐城、南通两个地级市的9个县（市）。浙江省三峡移民分布在嘉兴、湖州市所辖各县（市、区）和杭州市所辖的萧山、余杭区。实际样本来源于江苏的射阳、大丰、通州和浙江的海宁、萧山和嘉善，共获得有效样本728人。

二　样本基本情况分析

我们的调查采取到移民家中发放问卷的形式，在调查过程中根据现场情况及被调查人自身情况，采用自行填写和当面询问相结合的灵活方式。问卷前四部分主要采取先由调查者讲解，然后请被调查人自行填写的方法。当被调查人填写完一份问卷后，调查者当场进行检查，当发现漏填或有疑问时直接向被调查人询问或确认，以保证问卷的完整性和有效性。

这次研究的数据分析，使用的是社会科学统计软件 SPSS-13.0 for Windows（Statistical Package for Social Sciences），SPSS 是当今世界上公认的综合统计分析软件，享有"世界优秀统计工具"的盛名。另外这次研究还使用了 Microsoft Excel 2003，Excel 是专门用来处理表格的软件工具，这次的数据输入和表格生成多是通过 Excel。这次研究所使用的统计方法，主要是均值比较与方差分析。样本基本情况具体见表1—1。

表1—1　　　　　　　调查样本分布信息表

样本信息		样本量	所占比例（%）
性别	男	393	54
	女	335	46
安置地区	大丰	165	23
	射阳	207	28
	通州	131	18
	海宁	80	11
	萧山	95	13
	嘉善	50	7
年龄	青年	146	20
	中年	417	57
	老年	165	23
职业①	务农	381	52
	个体经营	246	34
	学生	82	11
	脑力劳动	1	0

---

① 本书中务农包括从事农作物种植和养殖业的移民，个体经营包括从事打工、运输业和经商、建筑业的移民。

续表

样本信息		样本量	所占比例（%）
学历	文盲	64	9
	小学	289	40
	初中	243	33
	高中及以上	132	18
移民时间	2001 年①	440	60
	2002 年	119	16
	2004 年	169	24

我们对所抽取的调查样本，从性别、年龄、职业、学历、移民时间、安置地区六个方面进行分类统计。从结果来看：男性要比女性高出8 个百分点；年龄上②中年人居多，占到 57%，而青年人和老年人相对较少，分别占 20% 和 23%；样本中三峡移民的工作以务农为主，其次是从事个体经营包括外出打工、从事运输业、个体户等，而从事脑力工作的只有一位；移民的学历多为小学和初中，这两项占总数的 73%，而高中及以上的占 18%，文盲比例为 9%；样本中 2001 年迁入的移民人数最多，下面依次是 2004 年、2002 年；就安置地区来看，射阳的样本量最多，占 28%。

表 1—2　　　　　　　　学历、性别、年龄交叉列联表

学历	性别	年龄			总计
		青年	中年	老年	
文盲	男	0	3	35	38
	女	0	6	20	26
小学	男	23	81	54	158
	女	10	69	52	131

---

① 实际包括 2000 年和 2001 年，由于 2000 年人数相对较少，我们都归为 2001 年。
② 本书对于年龄段的划分为：0—25 岁为青年；26—55 岁为中年；56—75 岁为老年。

续表

学历	性别	年龄 青年	年龄 中年	年龄 老年	总计
初中	男	36	91	3	130
初中	女	22	90	1	113
高中及以上	男	25	42	0	67
高中及以上	女	30	35	0	65
总计		146	417	165	728

青年人的学历以初中居多，其次是高中及以上，文盲的人数为零。中年人的学历多分布在小学和初中两部分。老年人在文盲和小学两项上的分布比例较高，高中及以上学历的人数为零。在64个文盲中，老年男性占55个，比重最大，中年男性小学和初中学历的人数要高于其他。青年女性在高中及以上学历的人数要略高于中年女性和老年女性。

表1—3　　　　职业、性别、学历交叉列联表

职业	性别	学历 文盲	学历 小学	学历 初中	学历 高中及以上	总计
务农	男	38	110	44	8	200
务农	女	26	99	48	8	181
个体经营	男	0	28	71	40	139
个体经营	女	0	26	61	38	125
学生	男	0	20	15	18	53
学生	女	0	6	4	19	29
脑力劳动	男	0	0	0	1	1
脑力劳动	女	0	0	0	0	0
总计		64	289	243	132	728

从表1—3中可以看出，64位文盲中，所选择的职业均为务农，即从事农作物种植和养殖业。小学学历的289人中有209人务农；从事个体经营的为54人；从事脑力工作的人数为零；学生为26人，其中25人来自

浙江地区的三峡移民，年龄从 11 岁到 17 岁不等，绝大部分为移民后在当地出生的孩子。初中学历的三峡移民从事的工作多为务农和个体经营，分别是 92 人和 132 人；学生为 19 人。高中及以上学历在上述 4 种职业上的人数分布分别为：16、78、37、1。务农的移民中以小学学历最多，其中男性 110 人，女性 99 人。从事个体经营的移民以初中学历最多，共 132 人，男性 71 人，女性 61 人。目前仍是学生身份的共 84 人，其中高中及以上学历的为 37 人，初中学历的为 19 人，小学学历的为 26 人。从事脑力劳动的仅有 1 人。

表 1—4　　　　　　　职业、年龄、学历交叉列联表

职业	年龄	文盲	小学	初中	高中及以上	总计
务农	青年	0	5	12	5	22
	中年	9	105	77	11	202
	老年	55	99	3	0	157
个体经营	青年	0	2	27	13	42
	中年	0	45	104	65	214
	老年	0	7	1	0	8
学生	青年	0	26	19	37	82
	中年	0	0	0	0	0
	老年	0	0	0	0	0
脑力劳动	青年	0	0	0	0	0
	中年	0	0	0	1	1
	老年	0	0	0	0	0
总计		64	289	243	132	728

从表 1—4 中可以看出，务农的人中以中年人最多，为 202 人，然后依次为老年人、青年人。从事个体经营的人中，中年人最多，为 214 人，其次是青年人，调查中只有 8 名老年人从事个体经营。学生身份都集中在青年人当中。移民当中是文盲且从事农业生产的 64 人中，老年人为 55 人。小学学历的移民以务农的中年人为最多，为 105 人，其次是务农的老

年人，为99人，再次为从事个体经营的中年人，为45人。初中学历的移民以从事个体经营的中年人最多，为104人，其次是务农的中年人。高中及以上学历的移民以青年学生和从事个体经营的中年人最多。

三　创新与不足

本书的创新主要表现在材料和研究角度方面。三峡移民作为我国大型非自愿水库工程移民，目前很少有系统地从社会语言学角度进行分析研究的。本书运用社会语言学的变异理论和语言与社会共变的理论结合方言学和语言接触的相关理论，从语言能力、语言使用情况、语言态度、社会网络、方言接触等角度进行较为系统的研究。

前贤们对移民语言的研究，多是从传统语言学和方言学角度进行的，缺少社会语言学的研究；而且这些传统的移民语言研究，缺少对移民语言最初语言状况的记录，所以我们只能通过目前移民语言的状态，推测历史上移民语言的发展和演变的情况及原因。目前对于三峡移民语言的研究中，虽然有对其所使用的方言的研究成果，但多是对移民初期的方言语音、词汇和语法系统的记录和描写，但经过十五六年的磨合，随着移民逐渐融入当地生活，他们口中的语言都在不断的语言接触和融合中发生着变化，他们口中所说的重庆口音的普通话的面貌是怎样的？移民在程度不一地习得了当地方言以后，他们所说的当地方言有什么特点？随着新一代移民在当地的出生，作为第二代移民他们口中的方言又跟第一代移民有什么不同？这些在移民身上所发生的语言接触的具体情况的描写还不多见，这些正在变化中的语言是我们研究移民语言的鲜活材料，也为我们研究语言的历时变异提供了重要的线索。陈松岑就指出："通过接触研究，进一步了解语言的变化过程，分布广泛的变异，又是什么原因引起的呢？由于语言的主要功能之一，是作为人类社会的最主要的交际工具，为了交际不致中断，其变化必然具有两个方面的特点：一方面，这种变异，往往只是从语言结构系统中，某个层级的某个个别成分开始的；另一方面，这种变异，又是由使用该语言的言语集团中的个别成员开始的。由此，我们看到了语言共时的变异，实际上反映了语言的历时的演变。社会语言学的一个重要目的，就是要追踪这些反映了语言历时演变的共时变异形式是如何扩展的。这样，我们就可以用现在的变异，去说明过去的变化。"① 所以本书中对于移民口中所使用的方言变体的描写以及对其在性别、年龄、职业等常见社会变量上的分布的分析将有重要的意义。因此我们这次从社会语言学的角度结合方言学和语言接触等理论对江浙三峡移民的语言状况进行调查研究，在研究角度和使用材料方面都较新颖，一定程度上可以弥补以往同类研究的不足。

由于社会学和统计学等知识的欠缺，本书的研究也存在不足。首先在问卷设计上，有些问题及选项的设置没有充分考虑到后面统计分析的需要；有些问题的设计又过细，考虑移民实际的理解能力不够；有的问题则在其他方面考虑不够周全。尽管这些问题在调查过程中可以随时加以改进，但难免还会留下一些不足。其次，本次研究对三峡移民本体语言现状的关注不够，而且缺少移民自然状态下的语料分析及语码转换的相关分析。再次，理论概括与论述不够充分。这些不足将在接下来的研究中加以修改与补充。

---

① 陈松岑：《语言变异研究》，广东教育出版社1999年版，第81—82页。

第二章 三峡移民语言使用研究

本章主要从三峡移民①的母语习得、目前的语言能力及其语言使用模式等角度,对三峡移民的语言使用状况进行分析。

语言能力是指个体使用语言进行交际和表达思想的能力,又称交际能力,个人语言能力的高低,与个人的家庭环境、社会经历和实际需要密切相关,也同语言行为领域有明显的关系。我们将从以下几个方面对语言能力进行分析:幼年时期母语习得;目前可用来交流的语言(方言);目前的语言使用水平。

第一节 三峡移民语言现状

要了解三峡移民的语言使用情况,首先要了解其幼年的母语状况。

一 三峡移民母语习得

从调查结果来看,三峡移民的母语习得有四种类型,具体见表2—1。

表2—1　　　　　　　　三峡移民母语习得表

地区 母语	江苏		浙江	
	频率	百分比	频率	百分比
C	470	93.4	206	91.6
CP	2	0.4	16	7.1
P	26	5.2	3	1.3

---

① 下文中若无特殊说明,行文中的"三峡移民"均指外迁到江浙地区的三峡移民。

续表

地区 母语	江苏		浙江	
	频率	百分比	频率	百分比
E	5	1.0	0	0
总数	503	100.0	225	100.0

C=重庆话；P=普通话；E=其他方言

从统计结果可以看出，江浙地区的三峡移民幼年母语习得为重庆方言的占绝大多数，分别为93.4%和91.6%。江苏的移民中母语习得为普通话的占第二位，为5.2%，母语习得为除普通话和重庆话外的其他方言的比例为1%，这些人中多数是因为父母一方或双方是外地人或者从小在外地长大的。浙江的移民中母语习得为普通话和重庆话双语的为7.1%，居第二位，其次是普通话，为1.3%，浙江的移民中母语习得没有除普通话和重庆话以外的其他方言。

二 三峡移民目前使用的语言

表2—2　　　　三峡移民目前使用的语言情况表

地区 语言情况	江苏		浙江	
	频率	百分比	频率	百分比
C	98	19.5	23	10.2
P	17	3.4	0	0
PD	1	0.2	0	0
CP	290	57.7	92	40.9
CDP	93	18.5	110	48.9
CDE	3	0.6	0	0
CDEP	1	0.2	0	0
总数	503	100.0	225	100.0

C=重庆话；P=普通话；D=当地话；E=其他方言

从表2—2可以看出，在728位被调查人中表示只能使用重庆话作为交流工具的为121人，占总数的17%，其中江苏98人，浙江23人，其他607人均把普通话作为交际语言之一，同样使用重庆话作为其中一种交际工具的也有710人，由此可见，普通话和重庆话仍是移民最常用的交际语言。以当地方言作为自己的交际语言之一的有208人，其中江苏98人，浙江110人，同时使用普通话、重庆话和当地话作为交际语言的占到28%，比只使用重庆话作为交际语言的多11个百分点。在使用当地话的208人中，有95个青年人，112个中年人，1个老年人，且男性比例要高于女性。江苏的移民所使用的语言类型比较多，而浙江地区的移民的语言类型相对较少，其中青年人目前都是普通话、重庆话和当地话同用的情况，而青年人和中年人没有只使用重庆话的，老年人中也没有使用当地话的情况，具体见表2—3。

表2—3　　　　性别 * 年龄 * 交流用语交叉列联表

年龄 * 性别		目前用来交流的语言							总数
		C	CP	CDP	CDEP	CDE	P	PD	
青年人	男	2	18	61	1		2	0	84
	女	0	23	32	0		6	1	62
	总数	2	41	93	1		8	1	146
中年人	男	16	132	62		2	5		217
	女	7	141	47		1	4		200
	总数	23	273	109		3	9		417
老年人	男	56	36	0					92
	女	40	32	1					73
	总数	96	68	1					165

C = 重庆话；P = 普通话；D = 当地话；E = 其他方言

三　三峡移民语言使用水平

对移民语言使用水平的考察，包括对移民的普通话、重庆话和当地话使用水平的考察[①]。在操作过程中我们把语言使用水平分为六个评价等级，即：能流利准确地使用；较流利使用；基本能交谈但不是很熟练；能听懂但不太会说；不太能听懂且不太会说；完全听不懂也不会说。

---

① 考察过程中采用先由移民自我评定，然后再由调查者根据实际情况进行修正。

(一) 移民的重庆话水平

表 2—4　　　　　　　　三峡移民重庆话使用水平

使用水平 \ 地区	江苏 频率	江苏 百分比	浙江 频率	浙江 百分比
能流利准确使用	426	84.7	202	89.8
较流利使用	56	11.1	10	4.4
基本能交谈	10	2.0	5	2.2
能听懂但不太会说	9	1.8	8	3.6
不太能听懂且不太会说	2	0.4	0	0
总数	503	100.0	225	100.0

从表2—4的统计可以看出，重庆话是移民的母语，虽然移民的重庆话水平各异，但是绝大多数人都能够熟练准确地使用重庆话，占总人数的86%，其中江苏的为426人，浙江的为202人；能较流利使用的为66人，两者共占95%，而不能流利使用的（包括基本能交谈但不是很熟练，能听懂但不太会说和不太能听懂且不太会说）只占5%。

(二) 移民的普通话水平

表 2—5　　　　　　　　三峡移民普通话使用水平

使用水平 \ 地区	江苏 频率	江苏 百分比	浙江 频率	浙江 百分比
能流利准确使用	135	26.8	128	56.9
较流利使用	146	29.0	54	24.0
基本能交谈	136	27.0	23	10.2
能听懂但不太会说	72	14.3	20	8.9
不太能听懂且不太会说	14	2.8	0	0
总数	503	100.0	225	100.0

在所调查的移民中，能流利准确地使用普通话的为263人，占总人数的36%，较流利使用普通话的为200人，占总人数的27%，基本能交谈但不是很熟练使用普通话的为159人，占总数的22%，三项占到总人数的85%。由此可见，在我国大力推广普通话的情况下，人民群众的普通话水

平正在逐步提高，大多数人都基本可以用普通话进行交流，虽然移民中普通话水平各异，但这种普通话的素养对于移民融入当地生活具有重要意义。

（三）移民的当地话水平

表2—6　　　　　　　　三峡移民当地话使用水平

使用水平	地区	江苏		浙江	
		频率	百分比	频率	百分比
能流利准确使用		1	0.2	16	7.1
较流利使用		35	7.0	40	17.8
基本能交谈		60	11.9	49	21.8
能听懂但不太会说		216	42.9	96	42.7
不太能听懂且不太会说		163	32.4	16	7.1
听不懂也不会说		28	5.6	8	3.6
总数		503	100.0	225	100.0

由于我们在调查时江苏的移民到当地时间相对较短，所以他们在语言上的接触仍处在初级阶段，能听懂但不太会说当地话的为42.9%，不太能听懂且不太会说、完全听不懂也不会说的分别占32.4%和5.6%，基本能满足交谈的占11.9%，所占比重偏低，由此可见七成以上的移民，目前虽然不能完全用当地话交流，但都可以听得懂当地话，这对于移民进一步适应、融入当地生活，加强与当地居民的沟通有重要的意义。在调查中，我们也要求移民对当地人的重庆话水平作出评价，从得到的结果看，移民中认为当地人的重庆话水平基本能够满足交谈的只占3%，而认为当地人能听懂但不太会说重庆话的为39.2%，不太能听懂且不太会说、完全听不懂也不会说分别达到43.1%、14.7%，即一半以上的当地人目前听懂重庆话仍有困难。从上面的数据可以看出，实际生活中沟通交流的需要及重庆方言的弱势地位都会促使移民尽快学习当地方言。而浙江的移民到当地的时间相对较长，从调查结果看，能流利使用当地话的移民比例明显增加，为7.1%，较流利使用的为17.8%，能满足交谈的比例为21.8%，可见移民中能用当地话交流的比例为46.7%，比江苏的移民比例提高了27.6%。能听懂但不会说的比例为42.7%，江浙两地这一项的

比例相差不大。听不懂不会说的比例为 10.7%，比江苏的 38% 大幅降低。由此可见，移民时间越长，移民对于当地话就会越熟悉，会有越来越多的移民习得当地话，能用当地话交流。

第二节　三峡移民语言使用模式

在交际过程中，交谈者为了交际顺利进行，会根据交谈对象的不同而使用不同的交际手段、交际策略，其中包括对不同的人使用不同的语言或方言，Bell[①]就提出了听众设计理论，即说话者会根据对话者的不同而设计言语。三峡移民从四川到江苏和浙江定居后，他们周围的语言环境发生了很大的变化，由过去的单一的方言环境变成双方言或多方言的环境，所以移民在实际生活中，面对家庭成员、非家庭成员的移民或非家庭成员的当地人以及不同的交际场合也会采用不同的语言或方言进行交际。Gal[②]在研究奥地利 Oberwart 的匈牙利语—德语双语社区的语言选择和语言转移时，使用了一套牵连测量技术（Implicational Scaling Technique）来展示其所观察到的在一系列环境背景下的选择和说话者之间的社会属性的差别并使之概念化。李嵬[③]在研究英国华语社区的语言选择和语言转移时，对 58 位被调查人的语言选择模式进行了详细的研究。他把对话者分为家庭成员和非家庭成员，并按照社会地位进一步把家庭成员分为祖父、祖母、父亲、母亲、配偶（丈夫、妻子）、兄弟、姐妹、儿子、女儿，非家庭成员也按此划分，记录下被试者在面对这些人时所使用的语言，并据此概括总结出 11 种语言使用模式。我们参照李嵬的方法，把听众分为家庭成员、非家庭成员的移民、当地人三类，把交际场合分为"去集贸市场买东西""向陌生人问路""去饭店吃饭""去医院看病"四种类型，而听众则根据社会地位，将家庭成员进一步分为祖父母、父母、配偶、兄弟姐妹、子

---

① Bell, A., *Language Style as Audience Design*, *Language in Society*, New York: Academic Press 1984, pp. 145 – 204.

② Gal, s., *Language Shift: Social Determinants of Linguistic Change in Bilingual Austria*, New York: Academic Press, 1979, p. 78.

③ Li Wei, *Three Generations, Two Languages, One Family*, Clevedon: Multilingual Matters, 1994, p. 25.

女、孙子孙女六类,将非家庭成员的移民和当地人进一步分为祖父辈、父辈、同辈、子女辈。在问卷中我们用"C"代表重庆话,"P"代表普通话,"D"代表当地话,"E"代表其他方言,"W"代表无此类情况,让移民根据自己在实际生活中面对这些交际对象和交际场合进行交际时所使用的语言或方言进行回答,由此我们便得到了每个人的语言使用模式,从对所有样本语言使用模式的分析中,我们可以概括总结出江浙三峡移民目前的语言使用模式的特点,有利于我们进一步认识三峡移民目前的语言使用情况。

一 不同交际对象下的语言使用模式

(一) 家庭成员

因为每个家庭的情况都不相同,所以为了便于分析,我们把家庭成员按年龄分为老年人、中年人、青年人三组,并逐一对其语言使用模式进行概括和分析。具体如下:

表 2—7　　　　　　　　　　老年人语言使用模式

地区	模式类型	频率	百分比	对话者					
				1	2	3	4	5	6
江苏	模式 A	102	96.2	W	C	C	C	C	C
	模式 B	1	0.9	W	C	C	C	C	CP
	模式 C	2	1.9	W	C	C	C	C	P
	模式 D	1	0.9	W	C	C	C	P	P
	总数	106	100.0						
浙江	模式 A	59	100.0	W/C	W/C	W/C	C	C	W/C
	总数	59	100.0						

1=祖父母;2=父母;3=配偶;4=兄弟姐妹;5=子女;6=孙子孙女

从表 2—7 可以看出,老年人在家庭环境中共使用四种模式,这四种模式的差别主要体现在与孙子孙女和子女交际时所使用的语言上。在江苏的 102 位老年人中,96.2% 的人都选择模式 A,即对父母、配偶、兄弟姐妹、子女、孙子孙女全部使用重庆话模式,这种模式在数量上占了绝对的优势。相对于这种完全重庆话模式,模式 B 则是在与孙子孙女的交际中使用重庆话的同时也引入普通话，而模式 C 则抛弃重庆话完全用普通话交流，模式 D 则对子女和孙子孙女全部使用重庆话。就性别来看，58 位男性中有 55 位选择模式 A，48 位女性中有 47 位选择模式 A，而剩下的选择模式 C 和模式 D 的三位都是男性，选择模式 B 的有一位，为女性。就迁入时间来看，106 位老年人中有 49 位是 2001 年迁入的，其中 47 位选择模式 A，另外两位分别选择模式 B 和模式 D；而 2002 年迁入江苏的 27 位老年人全部选择模式 A，2004 年迁入江苏的 30 位老年人除两位选择模式 C 外，其他 28 人都选择模式 A。就学历来看，老年人中有 32 人不识字，这些人全部选择模式 A。70 人的文化程度为小学，除了 2 人选择模式 C、1 人选择模式 D 外，其他 67 人都选择模式 A。此外 106 位老年人中，有 4 人学历为初中，而这其中除了 1 人使用模式 C 外，其他 3 人也都选择模式 A。由此可以看出，在与家人的交际时，性别、迁入时间和文化程度的不同，对于老年人选择哪种语言使用模式影响极小，他们基本上都在使用重庆话与家人交流，重庆话在老年人中具有绝对的优势，这种地位目前还没有因为外迁而受到影响。而浙江的老年移民的语言使用模式较为单一，59 位移民全部使用模式 A。

表 2—8　　　　　　　　　中年人语言使用模式

地区	模式类型	频率	百分比	对话者 1	2	3	4	5
江苏	模式 A	239	79.7	C	C	C	C	C
	模式 B	32	10.7	C	C	C	C	CP
	模式 C	4	1.3	C	C	CP	C	CP
	模式 D	6	2.0	C	C	P	C	CP
	模式 E	2	0.7	C	C	P	C	P
	模式 F	1	0.3	C	C	PE	C	P
	模式 G	5	1.7	C	C	C	C	CDP
	模式 H	1	0.3	C	C	P	C	CDP
	模式 I	10	3.3	P	P	P	P	P
	总数	300	100.0					

续表

地区	模式类型	频率	百分比	对话者 1	2	3	4	5
浙江	模式 A	96	84.8	C	C	C	C/W	C/W
	模式 B	6	4.4	C	C	C	C	CP
	模式 J	15	10.7	C	C	C	C	P
	总数	117	100.0					

1 = 祖父母；2 = 父母；3 = 配偶；4 = 兄弟姐妹；5 = 子女

  与老年人的四种语言使用模式相比，江苏的中年人的情况要更丰富和复杂，一共有九种模式。模式 A 仍然是完全重庆话模式，但与老年人略有不同的是中年人的对话者分别是祖父母、父母、配偶、兄弟姐妹和子女。这种模式在中年人中所占比重虽比老年人少，但也达到 79.7%，在九种模式中占相当大的比重。模式 B 与模式 A 的不同之处在于对子女的语言使用上，模式 B 对子女同时使用重庆话和普通话，而对其他家庭成员都使用重庆话，这种模式在九种模式中占 10.7%，居于第二位。从模式 C 到模式 E，我们可以看到中年人与配偶和子女交流时，普通话从与重庆话作为共同的交际语言到逐步取代重庆话成为唯一的交际语言的过程。在模式 G 和模式 H 中，出现了当地话，中年人在与子女交流时会使用重庆话、当地话和普通话，虽然这两种模式只占 2%，但是也说明在移民初期，当地话已经开始进入家庭交际范围。模式 I 为完全普通话模式，即对家庭成员全部使用普通话，正好与模式 A 相反，该模式占 3.3%。在 300 名中年人中，对祖父母、父母、兄弟姐妹使用重庆话的均为 96.7%，使用普通话为 3.3%，差别最大的主要在于对配偶和子女的语言使用上，对配偶使用重庆话的占到了 92.1%，使用普通话的为 6.3%，普通话和重庆话共用的为 1.3%，普通话和其他方言共用的为 0.3%；对子女，中年人使用重庆话的比例为 79.7%，使用普通话的比例为 4.3%，普通话和重庆话共用的比例为 3.3%，而普通话、重庆话和当地话共用的比例为 2%。由此可以看出，中年人对家庭成员使用的交际语言种类不断增多，使用重庆话的比例逐渐降低，使用普通话的比例逐步提高，使用当地话的现象从无到有。而浙江中年移民的语言选择模式则相对简单，共有三种模式，其中模式 A 和模式 B 与江苏移民的语言选择模式相同，即 A 为完全重庆话模式，其所占比例为 84.8%，模式 B 和模式 J 与模式 A 不同的只在与子女交流时所使用的语言，模式 B 是普通话和重庆话并用，而模式 J 是普通话，他们的比例分别是 4.4% 和 10.7%。

表 2—9　　　　　　　　　青年人语言使用模式

地区	模式类型	频率	百分比	对话者				
				1	2	3	4	5
江苏	模式 A	71	73.2	C	C	W	C	W
	模式 B	2	2.1	C	C	W	CP	W
	模式 C	2	2.1	C	CP	W	CP	W
	模式 D	1	1.0	CP	CP	W	CP	W
	模式 E	2	2.1	C	C	W	P	W
	模式 F	7	7.2	C	P	W	P	W
	模式 G	2	2.1	P	P	W	P	W
	模式 H	10	10.3	C	C	W	CD	W
	总数	97	100.0					
浙江	模式 A	44	89.8	C/W	C	C/W	C/W	C/W
	模式 G	5	10.2	P	P	W	W	W
	总数	49	100.0					

1 = 祖父母；2 = 父母；3 = 配偶；4 = 兄弟姐妹；5 = 子女

从表 2—9 可以看出，江苏青年移民在与家人交流时共有八种模式。使用最多的模式与老年人和中年人相同，仍然是完全重庆话模式，与祖父母、父母和兄弟姐妹交流时完全使用重庆话的青年人在 97 人中占 73.2%，比中年人低 6.5 个百分点。从模式 B 到模式 D 我们可以看到，重庆话和普通话共同使用的情况从兄弟姐妹逐渐发展到父母再到祖父母的变化过程。从模式 E 到模式 G，我们可以看到放弃重庆话只使用普通话的情况从兄弟姐妹发展到父母再到祖父母的变化过程，模式 G 是完全使用普通话模式，与模式 A 相反。模式 H 则是对祖父母、父母使用重庆话，对兄弟姐妹使用重庆话和当地话，使用这种模式的占 10.3%，在八种模式中居第二位，虽然使用当地话进行交流的情况仍然较少，并且只是青年人在与兄弟姐妹交流时使用，但是当地话已经开始进入家庭交际领域，并且使用的人数也比中年人有所增加。从模式 B 到模式 D、模式 E 到模式 G 的过程我们可以看到模式 H 正处在新一轮变化的开始阶段，随着时间的推移，青年人在与父母和祖父母交谈时也会逐渐出现重庆话和当地话共用的现象。从另一方面来看，青年对祖父母使用普通话的比例占到 3.1%，对父母使用普通话的比例达到 12.4%，对兄弟姐妹使用普通话的比例则达到 14.5%，而对祖父母、父母和兄弟姐妹使用重庆话的比例则逐渐降低。而浙江青年移民的语言选择只有两种模式，即完全使用重庆话的模式 A 和完全使用普通话的模式 G，其中使用模式 A 的人数较多，达到 89.8%，而使用模式 G 的比重较少，为 10.2%，但总体而言，这两种类型的比例都比江苏的要高，浙江青年的选择分类明确，没有出现重庆话和普通话共用的过渡阶段。青年人的语言选择代表着未来的方向，从他们对重庆话使用比例的降低以及对普通话和当地话使用的增加，我们可以预测，未来普通话和当地话会随着青年人的使用逐渐成为移民社区的主要交际语言，并进一步融入家庭的言语交际中。家庭作为社会的基本单位，是移民母语的最后阵地，当地话和普通话进入家庭交际，移民母语必然会受到挤压。

（二）非家庭成员的移民语言使用模式

表 2—10　　　　　　　　老年人语言使用模式

地区	模式类型	频率	百分比	对话者 1	2	3	4
江苏	模式 A	97	91.5	C	C	C	C
	模式 B	5	4.7	C	C	C	CP
	模式 C	4	3.8	C	C	CP	CP
	总数	106	100.0				
浙江	模式 A	59	100.0	C/W	C	C	C
	总数	59	100.0				

1 = 父辈；2 = 同辈；3 = 子女辈；4 = 孙儿辈

在与非家庭成员的移民交流时，老年人一共采用了三种语言使用模式。而使用人数最多的是模式 A，即对父辈、同辈、子女辈和孙儿辈完全使用重庆话模式，在江苏的106位老年人中有97人选择该模式，占91.5%，而在浙江的59位老年人选择的都是这种模式。与模式A不同的是，在模式B中，与非家庭成员的孙儿辈交流时，移民使用的是重庆话和普通话，使用这种类型的人数占4.7%。模式C则是在与子女辈和孙儿辈交流时重庆话和普通话共用，这类所占比例为3.8%。老年人对非家庭成员移民的父辈和同辈都采用重庆话交流，而与子女辈和孙儿辈交流时，除了使用重庆话外还引入了普通话，其比例分别是3.8%和8.5%。从我们对老年人社会属性的交叉列联分析的结果来看，选择模式A的男性为53人，女性为44人，而5个选择模式B的老年人都为男性，4个选择模式C的均为女性。就迁入时间而言，选择模式B的4人迁入时间为2001年，而选择模式C的3人迁入时间也是2001年。从上面的分析我们可以看出，老年人与非家庭成员移民交流时的语言使用模式和与家庭成员交流的模式很相似，即对父辈和同辈包括配偶和兄弟姐妹都使用重庆话，而对于小辈包括子女、孙子孙女、非家庭成员移民的子女辈和孙儿辈，都或多或少地采用普通话作为交际工具。另外女性在普通话使用上要比男性更积极些，移民时间的早晚也会对普通话的使用有一定的影响。这一方面是由于全国范围内的普通话普及带来的结果；另一方面也是因为移民要与安置地的居民进行交流，需要掌握一定的普通话能力。

表2—11　　　　　　　　中年人语言使用模式

地区	模式类型	频率	百分比	对话者				
				1	2	3	4	5
江苏	模式A	228	76.0	C	C	C	C	W
	模式B	42	14.0	C	C	C	CP	W
	模式C	4	1.3	C	C	C	CDP	W
	模式D	2	0.7	C	C	CP	CP	W
	模式E	2	0.7	C	C	P	P	W
	模式F	22	7.3	P	P	P	P	W
	总数	300	100.0					

续表

地区	模式类型	频率	百分比	对话者				
				1	2	3	4	5
浙江	模式 A	95	81.2	C/W	C	C	C	C/W
	模式 B	12	10.3	C	C	C	CP	W
	模式 G	10	8.5	C	C	C	P	W
	总数	117	100.0					

1＝祖父辈；2＝父辈；3＝同辈；4＝子女辈；5＝孙儿辈

中年人在与非家庭成员的移民交流时，使用七种语言使用模式。完全重庆话模式仍然是中年人最普遍的选择，江苏占76.0%，但比老年人低15.5个百分点，而浙江占81.2%。其次是模式B，即在与祖父辈、父辈、同辈交流时使用重庆话，而与子女辈交流时采取重庆话和普通话共用的方式，两地分别占14.0%和10.3%，在七种模式中居第二位。模式C在与祖父辈、父辈和同辈交流时与模式B相同，使用重庆话，但在与子女辈的交流过程中，除使用重庆话和普通话外还使用当地话，所占比例为1.3%。从模式D到模式G，我们可以看到从重庆话和普通话共用，逐步过渡到完全使用普通话模式的过程。模式F即完全普通话模式，它在中年人的语言使用模式中居第三位。中年人在与长辈包括祖父辈和父辈交流时，使用普通话的为22人，对同辈使用普通话的为26人，对子女辈使用普通话的为94人。另外除了对子女辈外，中年人对祖父辈、父辈和同辈都没有使用当地话的情况。从与家庭成员交流时所使用的模式的对比中，我们可以看到，中年人在与非家庭成员的祖父辈、父辈和子女辈交流时，使用普通话的情况比对家庭成员分别多了14人、5人、31人，而中年人与子女使用当地话则比对非家庭成员的子女辈多了6人，从地域来看，与江苏的情况不同，浙江的中年人无论是对家庭成员还是对非家庭成员的移民都没有使用当地话的情况。

两地青年在与非家庭成员的移民交流时使用的模式共十种，江苏的青年移民有七种模式，而浙江有八种模式，其中有五种相同模式，它们分别是模式A、B、C、E、G。在这些类型中，使用最多的仍是完全重庆话模式，江苏青年移民和浙江青年移民使用完全重庆话模式所占的比例分别为

58.8%和31.6%，比同地区的中年人低16个百分点和50个百分点，浙江中年人和青年人在这种模式的选择比例上呈现出非常明显的差距。在模式B里，青年人与非家庭成员移民的祖父辈、父辈和同辈交流时，使用重庆话，而对子女辈则使用重庆话和普通话，它在两地所占比例为10.3%和6.1%。与模式B不同的是，模式C在与同辈交流时也同时使用普通话和重庆话，在两地所占比例为8.2%和10.2%。模式E对祖父辈和父辈使用重庆话，而在与同辈和子女辈交流时使用重庆话和当地话，该模式在江苏的七种语言使用模式中占11.3%，居第二位，浙江为6.1%。模式G为完全普通话模式，在两地所占比例为9.3%和10.2%。除了上述四种共同模式，江苏移民的语言模式还有两种，模式D是对祖父辈及父辈使用重庆话，对同辈使用普通话和重庆话，而对子女辈使用普通话，占1%；模式F则对祖父辈和父辈使用重庆话和普通话，而对同辈和子女辈使用重庆话、普通话和当地话，所占比例为1%。对比两地老年人和中年人的语言选择模式，浙江青年移民的语言模式不仅比江苏青年移民的语言模式多，而且比同地区的老年人和中年人的语言选择模式也丰富得多，因为浙江老年人的语言模式是一种，而中年人为三种。其中模式H对祖父辈和父辈使用重庆话，对同辈使用重庆话、普通话和当地话，比例为10.2%；模式I对祖父辈和父辈使用重庆话，对同辈使用普通话，对子女辈使用重庆话、普通话和当地话，所占比例为2%；模式J是对祖父辈和父辈使用重庆话，对同辈和子女辈使用普通话，占24.5%。

表2—12　　　　　　　　青年人语言使用模式

地区	模式类型	频率	百分比	对话者 1	2	3	4
江苏	模式A	57	58.8	C	C	C	C
	模式B	10	10.3	C	C	C	CP
	模式C	8	8.2	C	C	CP	CP
	模式D	1	1.0	C	C	CP	P
	模式E	11	11.3	C	C	CD	CD
	模式F	1	1.0	CP	CP	CDP	CDP
	模式G	9	9.3	P	P	P	P
	总数	97	100.0				

续表

地区	模式类型	频率	百分比	对话者 1	2	3	4
浙江	模式 A	15	31.6	C/W	C	C	C/W
	模式 B	3	6.1	C	C	C	CP
	模式 C	5	10.2	C	C	CP	CP/W
	模式 E	3	6.1	C	C	CD	CD/W
	模式 G	5	10.2	P	P	P	W
	模式 H	5	10.2	C	C	CDP	W
	模式 I	1	2	C	C	P	CDP
	模式 J	12	24.5	C	C	P	P/W
	总数	49	100.0				

1＝祖父辈；2＝父辈；3＝同辈；4＝子女辈

江苏青年人对长辈（包括祖父辈、父辈）使用普通话的比例为10.3%，而对同辈使用普通话的比例为19.5%，对子女辈使用普通话的比例则增加到20.8%。而浙江青年人对长辈、同辈和子女辈使用普通话的比例分别为10.2%、57.1%、42.8%，从调查结果看，同辈之间普通话使用率高于子女辈主要是由于青年人更多地把当地话作为交际工具。与中年人相比，江苏青年人对长辈和对同辈使用普通话的比例分别增加了3%和10.8%，而对子女辈使用普通话的比例则降低了3.2%，通过分析我们可以看出，这主要是因为有11.3%的青年人选择了重庆话和当地话，从而导致使用普通话的比例降低。青年人在与长辈的交流中没有使用过当地话，这与中年人相同，而在与同辈和子女辈的交流中使用当地话的比例为12.3%，比中年人分别高出12.3%和11%。而浙江中年人对长辈和同辈都不使用普通话，只有18.8%的中年人对子女辈选择普通话交流，比青年人低24%。而在使用当地话的比例上，江苏为12.3%，浙江为18.3%，当面对不同交际对象时，江苏青年对同辈人使用当地话的比例为12.3%，浙江低4个百分点；而在与子女辈交流时使用当地话的比例比浙江高4.2个百分点。

(三) 当地人语言使用模式

表 2—13　　　　　　　　　老年人语言使用模式

地区	模式类型	频率	百分比	对话者			
				1	2	3	4
江苏	模式 A	68	64.2	C	C	C	C
	模式 B	4	3.8	C	C	P	P
	模式 C	1	0.9	C	P	P	P
	模式 D	33	31.1	P	P	P	P
	总数	106	100.0				
浙江	模式 A	23	39.0	W	C	C	C
	模式 D	33	56.0	P/W	P	P	P
	模式 E	3	5.0	DP	DP	DP	W
	总数	59	100.0				

1＝父辈；2＝同辈；3＝子女辈；4＝孙儿辈

老年人在与当地人进行交流时共采用了五种模式。在江苏的老年人中，模式 A 所占比重最多，为 64.2%，在与当地人交流时完全重庆话模式仍然是很多老年人的选择。在模式 B 中，老年人在与父辈当地人和同辈当地人交流时使用的是重庆话，而在与子女辈当地人和孙儿辈当地人交流时使用的是普通话。与模式 B 不同的是，在模式 C 中，老年人与同辈当地人交谈时使用的是普通话。这两种模式所占的比例都比较少，分别是 3.8% 和 0.9%。模式 D 为完全普通话模式，它在四种模式中所占比例较大，为 31.1%。浙江的老年人所使用的模式有三种，其中有两种是与江苏相同，分别是模式 A 和模式 D，但值得注意的是，模式 A 即完全重庆话模式所占比例为 39%，比江苏的低了 25.2%；而模式 D 即完全普通话模式所占比例为 56%，比江苏的高了 24.9%，而且在浙江的调查中我们发现在老年人口中也出现了当地话，模式 E 为普通话和当地话共用模式，所占比例为 5%。通过对比老年人在与家庭成员和非家庭成员的移民交流时的语言使用模式，我们可以看出：首先，虽然在移民初期的江苏，完全重庆话模式在老年人中的选择比例始终最高，但是这种模式在与当地人交流时使用频率已经下降很多，而且经过七八年的融合后，我们看到这一模式的比例在浙江已经大幅下降,仅居第二位。其次,在老年人的选择模式中,第一次出现了完全普通话模式,并且这种模式在江苏老年人的四种语言使用模式中占据较高的比例,居第二位,而在浙江比例更高,有一半以上的浙江老年人都采用这种模式。再次,老年人对自己的父母和兄弟姐妹及对非家庭成员移民的父辈和同辈都没有使用过普通话,而在与父辈当地人和同辈的当地人交流时,两地分别有 31.1%、32% 和 61%、61% 的老年人都使用普通话。第四,当地话第一次出现在老年人的语言选项中,虽然只占 5%,但对于语言使用趋于保守,语言学习能力和动力不足的老年人来说,是有着重要意义的,它的出现表明了随着移民时间的延长,移民与当地人的接触更加深入,并且已经影响到了老年人的语言使用情况。

表 2—14　　　　　　　　　中年人语言使用模式

地区	模式类型	频率	百分比	对话者 1	2	3	4	5
江苏	模式 A	24	8.0	C	C	C	C	W
	模式 B	1	0.3	C	C	P	P	W
	模式 C	238	79.3	P	P	P	P	W
	模式 D	13	4.4	PD	PD	P	P	W
	模式 E	3	1.0	PD	PD	PD	P	W
	模式 F	12	4.0	PD	PD	PD	PD	W
	模式 G	2	0.7	D	D	PD	P	W
	模式 H	7	2.3	D	D	D	D	W
	总数	300	100.0					
浙江	模式 C	57	48.7	P/W	P	P	P	P/W
	模式 D	6	5.1	PD	PD	P	P	W
	模式 E	7	6.0	PD	PD	PD	P	W
	模式 F	28	23.9	PD/W	PD	PD	DP	PD/W
	模式 I	5	4.0	D	D	PD	PD	W
	模式 J	8	6.8	D/W	D	D	PD	W
	模式 H	6	5.1	D/W	D	D	D	W
	总数	117	100.0					

1 = 祖父辈;2 = 父辈;3 = 同辈;4 = 子女辈;5 = 孙儿辈

从表 2—14 可以看出，中年人在与当地人交谈时的语言使用模式比较多，共有十种，其中江苏八种，浙江七种，两地有五种相同模式，分别是模式 C、D、E、F、H。模式 A 的完全重庆话模式在江苏中年人中只占 8.0%，而在浙江已经没有人使用这种模式与当地人交流。模式 C 即完全普通话模式在江苏中年人中所占比例最高，达到 79.3%。与中年人对家庭成员和非家庭成员的移民的交流模式相比，模式 A 和模式 C 的比重正好相反，前者所占比例相较之前已经大幅下降，而后者则大大增加。在浙江，模式 C 所占比例较江苏有所下降，只占 48.7%。从模式 D 到模式 F，我们可以看到普通话和当地话共用的现象，从只对祖父辈和父辈使用逐渐扩大到在同辈和子女辈、孙儿辈中使用。在模式 G 中，中年人在与祖父辈和父辈当地人交流时都使用当地话，在与同辈交流时使用普通话和当地话，在与子女辈交流时使用普通话。模式 H 为完全当地话模式，它在 417 位中年人中只占 3%，虽然人数不多，但是在语言接触过程中，移民能够不借助普通话的帮助而完全转用当地话与当地居民直接交流，是进一步融合的表现，值得我们关注。在浙江的七种模式里，从模式 I 到模式 J、模式 H，我们可以看到只使用当地话交流的情况从祖父辈、父辈逐步扩展到同辈再到子女辈的变化过程。从模式 A 到模式 C，从模式 D 到模式 F，从模式 G 到模式 H，我们可以看到，移民在语言接触过程中的清晰的层级变化，即从唯母语到使用通语交流，再到普通话和当地话双语共用，再到完全使用当地话，从统计的结果来看，虽然在移民初期的江苏大多数中年移民仍然处于第二层级，即借助普通话进行交流。但是在移民七八年后的浙江，我们看到有更多的移民已经进入到了普通话和当地话共同使用的阶段，比例高达 35%，比江苏高 25.6%。而且浙江移民中已有 15.9% 的人进入第三层级，即使用当地话阶段，比江苏高 12.9%。另外，江苏移民从面对祖父辈的当地人到面对子女辈的当地人，中年人使用普通话的比例逐渐增加，分别是 88.8%、88.8%、89.1%、89.8%，而使用当地话的比例逐渐减少，分别是 12.4%、12.4%、8%、7%。同时使用重庆话的比例也大幅降低，分别是 8.3%、8.3%、8%、8%。

表 2—15　　　　　　　　青年人语言使用模式

地区	模式类型	频率	百分比	对话者 1	2	3	4
江苏	模式 A	50	51.5	P	P	P	P
	模式 B	5	5.1	PD	PD	P	P
	模式 C	4	4.1	PD	PD	PD	P
	模式 D	12	12.4	PD	PD	PD	PD
	模式 E	5	5.2	PD	PD	PD	D
	模式 F	12	12.4	D	D	D	D
	模式 G	9	9.3	CD	CD	CD	CD
	总数	97	100.0				
浙江	模式 A	1	2.0	W	P	P	P
	模式 H	16	32.7	D	D	PD	W
	模式 I	1	2.0	D	D	D	PD
	模式 F	31	63.3	D	D	D	W
	总数	49	100.0				

1＝祖父辈；2＝父辈；3＝同辈；4＝子女辈

　　青年人在与当地人交流时共使用九种模式。模式 A 为完全普通话模式，该模式在江苏所占比重最高，为 51.5%，而在浙江这种模式仅为 2%。从模式 B 到模式 D，是当地话和普通话双语共用的现象，从长辈逐渐扩大到同辈和子女辈的过程。模式 D 为完全双语现象，即对祖父辈、父辈、同辈和子女辈都使用普通话和当地话，在 97 位青年人中占 12.4%。与模式 D 相比，在模式 E 中，青年人在与子女辈交流时只使用当地话，与中年人相比，这种模式多了 10.1%；而模式 H 则是对祖父辈和父辈使用当地话；模式 I 中使用当地话的范围扩展到同辈；模式 F 为完全当地话模式，在江苏仅占总数的 12.4%，而在浙江其比例大幅上升，占 63.3%。从模式 E 到 H 再到 I，我们可以看到只使用当地话的范围逐步扩大的特点。在前面的分析中，始终出现并占很大比重的完全重庆话模式在这里并没有出现，取而代之的是模式 G，即完全重庆话和当地话的双语模式，这种模式也只在青年人与当地人的交谈中才出现，所占比例为9.3%。对比前面的青年人与家庭成员和非家庭成员的移民之间的语言使用模式，我们可以看到，在与当地人交流的模式中，普通话和当地话成为主要的交流媒介，其中江苏和浙江两地青年人在与祖父辈、父辈、同辈和子女辈对话时，使用普通话的比例分别为78.3%、78.3%、78.3%、73.1%和0%、2%、34.7%、4%；使用当地话的比例为48.5%、48.5%、44.4%、40.3%和98%、98%、98%、2%。从以上数据可以看出，在移民初期的江苏青年人与当地人交流时更倾向于使用普通话，而经过十多年的融合后，浙江的青年移民更倾向于使用当地话交流。

（四）语言使用模式及影响参数

1. 语言使用阶段性模式

虽然移民的语言使用模式种类繁多，但是我们可以从中总结出六类阶段性模式，分别为重庆话模式，我们把这种情况记为"C模式"；重庆话和普通话共用的双语模式记为"CP模式"；普通话模式记为"P模式"；普通话和当地话双语模式记为"PD模式"；重庆话和当地话共用的双语模式记为"CD模式"；普通话、重庆话和当地话共用的三语模式为CPD模式；当地话模式记为"D模式"。不同年龄段的移民面对三种不同对话者的语言选择模式分布情况如表2—16所示。

表2—16　　　　　　　语言使用模式分布　　　　　　单位：%

模式 \ 对象 年龄	家庭成员 老	中	青	非家庭成员的移民 老	中	青	当地人 老	中	青
C模式	96/100	80/86	75/90	92/100	76/81	59/31	64/39	8/0	0/0
CP模式	4/0	15/12	5/0	8/0	15/19	20/41	4/0	0/0	0/0
P模式	0/0	3/2	9/10	0/0	7/0	9/0	32/56	79/49	52/2
PD模式	0/0	2/0	0/0	0/0	1/0	0/0	0/5	10/46	27/35
CD模式	0/0	0/0	10/0	0/0	0/0	12/6	0/0	0/0	9/0
CPD模式	0/0	0/0	0/0	0/0	0/0	0/12	0/0	0/0	0/0
D模式	0/0	0/0	0/0	0/0	0/0	0/0	0/0	2/5	12/63

从我们的统计数据来看，当对话者是家庭成员和非家庭成员移民时，C模式使用最为广泛，老年人在与家庭成员和非家庭移民交流时主要使用该模式交流，在浙江其比例为100%，但与当地人交流时比例就大幅下降，江苏为64%，浙江为39%；中年移民与当地人交谈时使用C模式的比例急剧下降，江苏只有8%，而浙江为零；而青年移民在与当地人交谈时使用该模式的比例降到零。随着对话者的身份从家庭成员到非家庭成员的变化以及从移民到非移民的变化，P模式的使用频率在逐渐增加，并在江苏中年移民与当地人对话时升到最高点，为79%，江苏青年移民在与当地人交流时使用比例略有下降，为52%，但浙江青年移民只有2%的人使用，两地差异高达50%；老年人中，56%的浙江老年人选择使用这一模式，比江苏多24%。CP模式的使用比例变化幅度较小，青年移民与非家庭成员移民对话时的使用比例较高，江浙两地分别为20%和41%。但在与当地人的交流中只有4%的老年人使用这一模式，中年人和青年人均不使用该模式。老年人的语言使用模式仅局限于前四种，在调查中没有老年人使用CPD模式、CD模式和D模式。PD模式的使用主要出现在青年人、中年人与当地人的对话中，在江苏中年和青年移民的使用比例逐步增加，从10%增加到27%；而在浙江中年人的使用比例为46%，而青年人的使用比例则呈下降趋势，为35%。CD模式的使用人群主要是青年移民，但是对话者的分布比较广泛。CPD模式只出现在浙江青年人与非家庭移民的对话中。D模式的使用主要出现在青年人与当地人的语言交际中，在移民初期的江苏只有12%，但浙江的比例已大幅提升至63%。

从以上分析来看，移民在与家庭成员交流时较多使用C模式，与非家庭成员移民交流时较多使用C模式、CP模式，在与当地人交流时较多使用C模式、P模式、PD模式和D模式。移民在家庭内部和移民社区内部的语言模式相对简单，江浙两地的选择也基本一致，但由于受到普通话和当地话的双重影响，以及移民本身的文化水平、所处移民社区的规模、移民时间等因素都使移民语言模式呈现出多样性，在与当地人交流时我们可以看到语言选择模式在年龄段和地域上表现出明显的分层，如果我们把C模式、CP模式称为第一层，P模式、PD模式称为第二层，从PD模式到D模式称为第三层的话，在移民初期的江苏老年人处于第一层，中年人和青年人处于第二层;而在现阶段的浙江,老年人的交流模式已经进化到第二层,与中年人相同,青年人则进入第三层。

2. 移民社区的规模与语言选择模式

国家对三峡移民的安置采用分散安置的政策,所以江浙各地移民的分布规模普遍不大。但比较而言,江苏的三峡移民安置规模有一定差异,在我们抽样的三个县中,射阳县安置移民人数最多,每个村平均安置 24 人;其次是大丰县,每个村平均安置移民 17 人;再次通州为 12 人。我们以射阳、大丰和通州作为较大规模移民群体、中等规模移民群体和小规模移民群体的代表,考察不同年龄的移民的语言使用模式与移民规模之间的关系。

表 2—17　　　　　三地老年移民语言使用模式分布　　　　　单位:%

模式\对象地正	家庭成员			非家庭成员的移民			当地人		
	射阳	大丰	通州	射阳	大丰	通州	射阳	大丰	通州
C 模式	96	100	91	81	100	100	55	70	73
CP 模式	4	0	9	19	0	0	9	0	0
P 模式	0	0	0	0	0	0	36	30	27
PD 模式	0	0	0	0	0	0	0	0	0
CD 模式	0	0	0	0	0	0	0	0	0
D 模式	0	0	0	0	0	0	0	0	0

从数据分布来看,老年移民在与家庭成员交流时,其语言选择模式受移民社区规模的影响程度较小,以 C 模式为主,且三地差距不足 10%;方差分析也印证了这个结果,即不同规模的移民在语言模式的选择(sig = 0.207 > 0.05)上,没有明显差异。老年人在与非家庭成员移民交流时,随着社区规模的增大,C 模式的使用率有较大的减少,同时伴随 CP 模式的增加;从方差分析结果来看,移民规模对使用模式(sig = 0.002 < 0.05)存在显著差异。在与当地人对话时,随着移民规模的增大,C 模式的选择比例逐渐减少,而 CP 模式则呈增加态势,但在 P 模式的使用上受移民规模的影响较小,但从方差分析来看,不同规模的移民在语言模式的选择(sig = 0.439 > 0.05)上,差异并不明显。

表 2—18　　　　　三地中年移民语言使用模式分布　　　　　单位:%

模式 \ 对象	家庭成员			非家庭成员的移民			当地人		
	射阳	大丰	通州	射阳	大丰	通州	射阳	大丰	通州
C 模式	73	77	94	66	74	94	9	6	9
CP 模式	20	19	1	20	20	1	1	0	0
P 模式	2	4	5	10	5	5	74	79	89
PD 模式	5	0	0	3	0	0	14	11	3
CD 模式	0	0	0	0	0	0	0	0	0
D 模式	0	0	0	0	0	0	2	4	0

中年移民在与家庭成员或其他移民交流时，语言模式的选择类型较老年人有所增加，但主要的选择类型集中在前两类，且移民规模与 C 模式的使用率成反比，与 CP 模式的使用率成正比；P 模式和 PD 模式开始出现在家庭及移民社区交际中，前者在家庭中的使用频率三地差别不大，但随着交际对象的去亲属化，P 模式的使用频率有所增加；而 PD 模式只出现在较大规模的移民社区中；根据方差分析的结果，不同规模的移民在语言模式的选择（sig = 0.012 < 0.05，sig = 0.000 < 0.05）上，差异明显。中年移民在与当地人交流时，所选择的语言模式主要集中于模式 P，使用率与移民规模成反比，PD 模式的使用有所增加，且与移民规模成正比，完全使用当地话交流的现象在中年移民中已有出现，但数量较少且只出现在移民规模较大的社区中。但从方差分析来看，移民规模对使用模式（sig = 0.128 > 0.05）不存在显著差异。

表 2—19　　　　　三地青年移民语言使用模式分布　　　　　单位:%

模式 \ 对象	家庭成员			非家庭成员的移民			当地人		
	射阳	大丰	通州	射阳	大丰	通州	射阳	大丰	通州
C 模式	73	68	87	33	59	87	0	0	0
CP 模式	9	6	0	42	12	3	0	0	0
P 模式	0	15	13	0	18	10	33	41	83
PD 模式	0	0	0	0	0	0	45	24	10
CD 模式	18	12	0	24	12	0	15	12	0
D 模式	0	0	0	0	0	0	6	24	7

青年移民在与家庭成员交际时,不同规模的移民在语言模式的选择($sig = 0.196 > 0.05$)上,差异并不明显。与非家庭成员的移民交际时,不同规模的移民在语言模式的选择($sig = 0.002 < 0.05$)上,差异明显;但其语言使用模式的变化比较复杂,从模式 C 到模式 CP 再到模式 P,是逐步去母方言的过程,在这一过程中,前两个阶段,去母方言的趋势与移民规模成正比,但到第三个阶段这一趋势却与移民规模成反比,中小规模的移民社区对普通话模式的选择要多于较大规模的社区;青年移民中首次出现了 CD 模式,这一模式的使用频率分布与移民社区规模成正比。青年移民与当地人交流时,移民规模对使用模式($sig = 0.002 < 0.05$)也存在显著差异,但交流模式以模式 P 和 PD 为主,辅之以模式 CD 和模式 D,从模式 P 到模式 D 是语言逐渐当地化的过程,总体来看,当地化趋势与移民社区的规模成正比,即移民社区越大,语言当地化的进程越快,该社区中能使用当地话的人越多,但中等社区在语言的全盘当地化上的表现相对突出。

3. 移民文化程度与语言选择模式

我们把移民按文化程度分为四个类型,分别为:文盲、小学、初中、高中及以上,不同文化程度的移民在面对不同的对话者时,对语言模式的选择呈现出各自的特点,根据统计分析,在与家庭成员交流时,不同文化水平在使用模式(浙江:$sig = 0.011 < 0.05$;江苏:$sig = 0.000 < 0.05$)的选择上存在显著差异。在与非家庭成员移民交流时,江苏不同文化水平的移民在使用模式的选择上存在显著差异($sig = 0.000 < 0.05$);浙江不存在显著差异($sig = 0.069 > 0.05$)。在与当地人交流时,不同文化水平的移民在使用模式的选择上存在显著差异(浙江:$sig = 0.000 < 0.05$;江苏:$sig = 0.000 < 0.05$)。

下面我们把移民分成老年、中年和青年三个年龄段,具体考察每个年龄段内部不同文化程度与其语言选择模式。

表2—20　　老年移民的文化程度与移民语言使用模式分布

文化*对象 模式	家庭成员				非家庭成员的移民				当地人			
	A	B	C	D	A	B	C	D	A	B	C	D
C 模式	32/23	67/36	3/0		32/23	61/36	4/0		32/23	35/0	1/0	

续表

文化*对象 模式	家庭成员 A	B	C	D	非家庭成员的移民 A	B	C	D	当地人 A	B	C	D
CP 模式		3/0	1/0			9/0				4/0		
P 模式										31/33	3/0	
PD 模式										0/3		
CD 模式												
CPD 模式												
D 模式												

A = 文盲；B = 小学；C = 初中；D = 高中及以上

从表2—20来看，老年人的文化程度主要集中在文盲和小学两类。就老年移民与三类对话者交谈时的语言选择来看，尽管文化程度不同，但他们仍以重庆话为主，但随着移民文化水平的提高，老年人在与当地人交谈时，逐渐呈现出选择差异，两地移民中的文盲都选择重庆话。而小学文化程度的移民中江苏有44%的人选择普通话模式，6%的人选择普通话和重庆话双语模式；浙江有92%的人选择普通话模式，另有8%的人选择普通话和当地话双语模式。

表2—21　　　　中年移民的文化程度与语言使用模式分布

文化*对象 模式	家庭成员 A	B	C	D	非家庭成员的移民 A	B	C	D	当地人 A	B	C	D
C 模式	8/0	106/24	102/32	23/40	8/0	100/24	100/37	20/34	3/0	14/0	7/0	
CP 模式	1/0	9/10	32/4	3/5	1/0	12/11	31/0	2/11		1/0		
P 模式		0/1	4/1	6/0	0	4/0	8/0	10/0	5/0	93/17	110/27	30/13
PD 模式		1/0	5/0			4/0			1/0	9/18	18/8	2/28
CD 模式												
CPD 模式												
D 模式											7/2	0/4

A = 文盲；B = 小学；C = 初中；D = 高中及以上

从表2—21可以看出，中年移民所用语言模式类型比老年人丰富。

重庆话仍然是中年人与家庭成员和其他移民交流的主要工具，但不同文化程度的表现略有不同，如小学和初中文化的移民在与家庭成员和其他移民交流时有些使用普通话和当地话双语模式交流，而这种双语模式在文盲和高中及以上的学历中没有出现。在与当地人交流时，移民语言使用模式变化较大，江浙两地初中及以下和江苏高中以上文化的移民多选择普通话交流，而浙江高中及以上的移民多选择普通话和当地话双语模式。在与当地人交流时初中及以上文化程度的移民的口中还出现了完全当地话模式。

表 2—22　　青年移民的文化程度与移民语言使用模式分布

文化*对象 模式	家庭成员				非家庭成员的移民				当地人			
	A	B	C	D	A	B	C	D	A	B	C	D
C 模式		7/20	34/7	30/17		7/3	25/3	25/9				
CP 模式		1/1	2/0	2/0		0/11	13/1	6/8				
P 模式		0/5	6/0	16/0		0/5	2/0	7/0		7/0	19/0	24/1
PD 模式										1/12	19/4	6/1
CD 模式			10/0			1/0	11/3				9/0	
CPD 模式						0/6						
D 模式										0/13	4/3	8/15

A = 文盲；B = 小学；C = 初中；D = 高中及以上

青年移民中有一部分仍在求学，他们的文化水平并没有定型，青年人在学校中接受的大多为正规的普通话教学，所以他们对普通话的使用能力和认同程度与其文化水平不一定成正比。从模式分布来看，在家庭交际中青年移民以重庆话作为主要交际工具；高中及以上学历的移民选择普通话的较多；选择 CD 模式的则集中在江苏的初中学历的移民中。在移民内部的交际中，仍以重庆话为主，但初中及以上学历的移民 CP 模式和 CD 模式的使用率有所增加；CPD 模式也首先出现在浙江小学学历的移民中。在与当地人交流时，青年移民以完全普通话模式、普通话和当地话共用模式、完全当地话模式为主，但在不同文化程度和地域上略有不同，江苏的小学生移民以完全普通话模式为主，浙江也以普通话和当地话双语模式为主；初中学历移民江苏多以 P 和 PD 模式为主，浙江多以 PD 和 D 模式为主；高中及以上的移民，江苏以普通话为主，浙江以当地话为主。在四类文化程度中，初中学历的青年移民使用的语言模式分布较广；而完全使用当地话来交流的主要集中在高中及以上文化的青年移民。

（五）小结

江苏省的移民是在 2001 年、2002 年和 2004 年分三批搬迁到江苏的，截至我们调查的时候，他们在安置地最长的居住时间为六年，最短的为三年，他们仍然处在移民初期，在这样较短的时间内，移民不可能大规模并快速地习得当地话，所以也不会发生大规模转用当地话的现象。而浙江的移民已在安置地十多年，他们与当地的融合更深入，所以我们看到他们在与当地人交流时重庆话已经很少出现，更多地都在使用普通话和当地话交流。但尽管江浙两地安置时间长短不同，但移民在家庭内部和移民社区内部的语言模式相对简单，重庆话仍然是移民社区以及移民家庭内部的主要交际语言，家庭一般是移民母语最坚固的阵地。

由于移民的安置较为分散，他们与当地人的接触机会自然会增多，接触范围就会扩大，为了交流的顺利进行，必须选择双方都懂的语言作为交际工具，所以普通话就成了他们目前的共同选择。从我们对移民与当地人的交流模式的分析来看，普通话模式在老年人、中年人和青年人三代中的使用比例都有大幅提高。另外，在日常生活中，除非正式场合，移民存在不习惯说普通话的心理，尤其是在农村或经济和社会生活发展相对较慢的地区，但很多时候不得不面对只愿意操当地话与他们交流的当地人，这种情况能提高移民学习和使用当地话的积极性，也会加快移民由母语转用为当地话的进度。

年龄对于语言使用模式的选择有重要的影响。中年人和青年人的语言使用模式比老年人多，其中青年人的语言使用模式更为丰富。移民与当地人交流时，老年人虽然选择普通话的比例有所增加，但仍以重庆话为主，老年人在语言使用上最为保守，而且就学习能力来讲，老年人的能力也不如中年人和青年人，所以老年人无论是在对家庭成员、非家庭成员的移民还是对当地人，都是以重庆话作为最主要的交际语言。

在江浙两地，中年人和青年人的语言选择都处于领先地位，虽然进度不一致但都处在去普通话亲当地话的阶段，尤以浙江青年人为最。中年人在与其他移民交流时，延续了去重庆话的趋势，且移民社区越大越倾向于使用 P 模式，而青年人则相反，P 模式的使用率与移民规模成反比，即中小规模的移民社区对普通话模式的选择要多于较大规模的社区。这主要是由于青年移民的模式选择类型有所增加，造成了分流。完全使用当地话交流的现象就首先在中年移民与当地人的交际中出现，但数量较少且只出现在移民规模较大的社区中。这主要是因为中年人已经过了语言的学习阶段，而处在使用语言的阶段，他们已经形成了自己的语言系统、语言习惯，通常在形成之后就会保持稳定。但是因为中年人是社会生活的主体，当出现重大生活转折事件时，他们是最敏感的群体，所以他们会根据自己的社会参与的程度和方式进行相应的调整，因此中年人在语言的适应上要比老年人更主动，更积极，而且中年人心智成熟、年富力强，他们的学习能力也很好，另外，对社会生活的深度参与也为他们学习和使用当地话和普通话提供了很多机会。由此我们可以看到，中年人在语言使用模式的选择上比老年人更加丰富。

青年移民与当地人交流时，语言选择上的当地化趋势与移民社区的规模成正比，但中等社区在语言的全盘当地化上的表现相对突出。青年人处在语言习得时期，在这个时期他们不断向周围的环境学习，包括向周围的邻居、伙伴、学校的同龄人等学习，他们还没有形成自己的社会方言，同时他们的思想极为活跃、开放，容易并乐于接受新事物，所以对于青年移民来说，他们在习得母语的时候，同时接受了来自普通话和当地话的影响，在语言使用模式上更加多元化，在与家庭成员和非家庭成员的移民交流时使用普通话的频率更高了，而在与当地人交流时不仅普通话使用频率大幅增加，而且当地话的使用频率也有了很大的增长。从语言模式与移民规模的关系中，我们可以看到较大规模的移民社区在语言模式从 C 模式即重庆话模式向 D 模式即当地话模式的转变中处于引领者的地位。

就文化程度来看，除青年外，移民的文化水平与 C 模式的使用率成反比，与 P 模式的使用率成正比；当移民的语言选择处于去重庆话亲普通话阶段时，初中文化的移民更倾向于使用 CP 模式，而高中及以上文化水平的移民更倾向于使用 P 模式；当移民的语言选择处于去普通话亲当地话阶段时，初中文化的移民更倾向于使用 PD 模式，而高中及以上文化水平的移民更倾向于使用 D 模式。在与家庭成员交流时，文盲、小学、初中、高中及以上文化程度的移民使用的语言模式数量分别为 2、3、5、3；与非家庭成员的移民交流时，不同文化程度的移民使用的语言模式的数量为：3、5、5、3；在与当地人交流时，不同文化程度的移民使用的语言模式的数量为：3、4、6、3，总体来看，初中文化水平的移民在语言模式的选择上表现最为活跃，而且较多地倾向于双语模式，如 CP、PD、CD 模式，这些模式代表的是去重庆话和亲当地话的两个演变进程中的中间阶段，而高中及以上文化水平的移民更倾向于以上演变进程中的末尾阶段，即 PD 模式。尽管文化程度不同，但在移民内部交流时，移民的选择更多地集中在重庆话模式，其次是重庆话和普通话双语模式；而在与当地人交流时，文盲所选择的模式仍为重庆话模式，而小学和初中移民则集中在普通话模式，其次为普通话和当地话双语共用模式。高中及以上的移民的选择比较分散，且呈现出地域差异，江苏移民集中在普通话模式，浙江移民集中在普通话和当地话双语共用模式和完全当地话模式。

社会语言学非常关注"进行中的变化"，认为共时的变异实际反映了历时的变化，语言使用模式的年龄变异也让我们看到了"进行中的变化"，从老年人到中年人再到青年人，重庆话的退势以及当地话和普通话的攻势，这种此消彼长的情况在青年人中呈现累积增加的趋势，并在可以预见的将来不会出现随着年龄的增加呈下降趋势。

二 不同场合下的语言使用模式

除了交际对象外，不同交际场合中的语言使用也是语言使用情况研究中的一个重要方面。陈松岑的《新加坡华人的语言态度及其语言能力和语言使用》[①] 和萧国政、徐大明的《从社交常用语的使用看新加坡华族的

---

① 陈松岑：《新加坡华人的语言态度及其语言能力和语言使用》，《语言教学与研究》1999 年第 1 期。

语言选择及其趋势》》①等文章，在研究多种语言环境下的语言使用时，都涉及不同社交场合下语言的选择问题的分析研究。本章选择了"去集贸市场买东西""向陌生人问路""去饭店吃饭""去医院看病"四种交际场合，对三峡移民的语言使用情况进行分析，以便更清楚地了解目前移民的语言使用情况。

（一）去集贸市场买东西时的语言选择

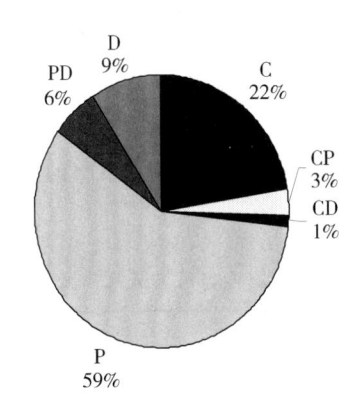

图 2—1 不同交际场合下的语言选择：去集贸市场买东西

C＝重庆话；P＝普通话；D＝当地话

移民在"集贸市场"这种场合下，在语言使用上，有"语言单用"和"两种语言共用"两种现象。语言单用现象占 89.6%，其中以使用普通话为最多，占 58.3%；其次是单用重庆话，比例为 22.5%；再次是单用当地话，比例为 8.9%。两种语言共用现象虽然较少，但是仍有三种类型，分别为：重庆话和普通话共用现象、重庆话和当地话共用现象以及普通话和当地话共用现象，它们所占的比例分别为：3.2%、1.2%、6.0%。根据我们的交叉列联分析，就性别来看，270 位男性和 233 位女性中分别有 54% 和 63% 的人选择只用普通话，其中女性的比例比男性多出 9 个百分点，而使用重庆话的比例男性和女性相当，但使用当地话的比例男性比

---

① 萧国政等：《从社交常用语的使用看新加坡华族的语言选择及其趋势》，《语言文字应用》2000 年第 3 期。

女性高出 9 个百分点①。从年龄来看，青年人中没有重庆话和普通话共用的情况，而最多的仍是单用普通话，占 51%，同时使用当地话的比例有了大幅的增加：单用当地话的青年占 32%；重庆话和当地话共用的占 5%；普通话和当地话共用的比例为 10%；青年人中只使用重庆话的比例仅为 2%。中年人中选择只使用普通话的为 71%；选择使用当地话的比例为 12%；选择使用重庆话的比例为 18%。老年人中有只使用重庆话、只使用普通话以及重庆话和普通话共用三种类型，而他们的选择多集中在单用重庆话上，比例为 66%；使用普通话的比例为 29%；重庆话和普通话共用的比例为 5%。就迁入时间来看，无论是 2001 年迁入还是 2002 年、2004 年迁入的，大部分人仍然选择使用普通话，而 2004 年迁入的移民，在选择普通话上的比例比其他要高 20 个百分点左右，使用当地话的比例则比其他低 10 个百分点左右。

表 2—23　　　　　　社会属性与语言选择交叉列联表　　　　　单位：%

		语言选择						总数
		C	CP	CD	P	PD	D	
性别	男	24	2	1	54	8	10	54
	女	20	4	2	63	3	7	46
年龄	青年人	2	0	5	51	10	32	19
	中年人	14	4	0	71	7	5	60
	老年人	66	5	0	29	0	0	21
迁入时间	2001 年	22	2	1	54	8	13	42
	2002 年	21	6	3	50	11	10	24
	2004 年	24	2	0	70	1	3	34
总数		22	3	1	58	6	9	100

C = 重庆话；P = 普通话；D = 当地话

---

① 由于两种语言共用数量较少，所以在行文中除非文中标明，其他统计数据均为把单用和共用都计算入内。

(二) 向陌生人问路时的语言选择

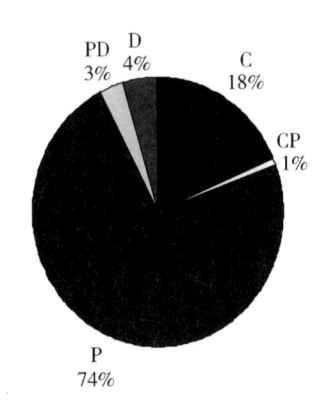

图 2—2　不同交际场合下的语言选择：向陌生人问路

C = 重庆话；P = 普通话；D = 当地话

表 2—24　　　　　社会属性与语言选择交叉列联表　　　　　单位:%

		C	CP	P	PD	D	总数
性别	男	21	2	67	4	6	54
	女	16	0	79	2	3	46
年龄	青年人	0	0	78	7	14	19
	中年人	8	2	85	3	3	60
	老年人	65	0	35	0	0	21
迁入时间	2001 年	18	2	73	2	5	42
	2002 年	17	0	68	9	6	24
	2004 年	19	0	77	1	3	34
总数		22	3	58	6	9	100

C = 重庆话；P = 普通话；D = 当地话

在"向陌生人问路"这个情境中，移民有五种选择，包括三类语言单用现象和两类语言共用现象，分别是：单用重庆话、单用普通话以及单用当地话，它们所占的比例分别为：18.5%、73.0%、4.4%；重庆话和普通话共用现象以及普通话和当地话共用现象，所占的比例分别为：1.0%、3.2%。从上面的统计数据可以看出，普通话仍然是绝大部分移民在"问路"时首选的语言。从性别来看，虽然男性和女性都是较多地偏向于选择单用普通话，但是男性的比例为67%，而女性的比例为79%，比男性高出12个百分点，男性选择两种语言共用的要比女性多2个百分点，同时选择使用当地话的男性的比率也比女性高出5个百分点，男性单用重庆话的比例也比女性高。从年龄来看，青年人在"向陌生人问路"时，没有人选择使用重庆话或者是重庆话和普通话共用的情形；选择使用普通话的比例为78%；而选择使用当地话的占到21%，比中年人多出15个百分点，比老年人多出21个百分点。与青年人相比，中年人在选择单用普通话的比例比青年人多7个百分点，另外有10%的中年人会使用重庆话。老年人只有两种选择，即单用重庆话和单用普通话，两种语言共用和单用当地话的现象在老年移民中并不存在。65%的老年移民选择前者，而只有35%的老年移民选择后者，比中年人少了50个百分点，比青年人少了43个百分点。从迁入时间来看，2001年、2002年和2004年三批移民在普通话和重庆话的使用上差异并不大。而差异最明显地表现在当地话的使用上，2004年迁入的移民使用当地话的比例为4%，比2002年迁入的少11个百分点，比2001年迁入的少3个百分点。另外，2002年迁入的移民使用当地话的比例，反而比第一批迁入的移民高。

（三）去饭店吃饭时的语言选择

表2—25　　　　　　　社会属性与语言选择交叉列联表　　　　　　单位:%

		语言选择						总数
		C	CP	CD	P	PD	D	
性别	男	24	1	2	55	8	9	54
	女	20	2	0	66	3	9	46
年龄	青年人	2	0	7	49	10	31	19
	中年人	14	1	0	74	6	5	60
	老年人	66	3	0	31	0	0	21

续表

		语言选择						总数
		C	CP	CD	P	PD	D	
迁入时间	2001年	22	1	3	55	6	13	42
	2002年	21	2	0	53	12	12	24
	2004年	24	1	1	72	1	2	34
总数		22	3	1	58	6	9	100

C＝重庆话；P＝普通话；D＝当地话

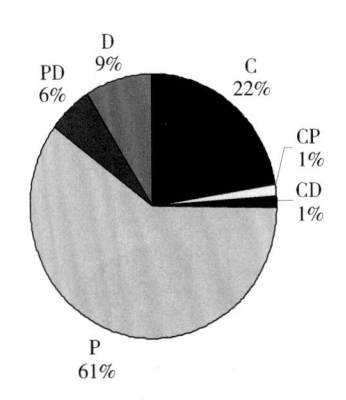

图2—3 不同交际场合下的语言选择：去饭店吃饭

C＝重庆话；P＝普通话；D＝当地话

移民在"去饭店吃饭"时使用语言的情况分别是单用重庆话、单用普通话和单用当地话、重庆话和普通话共用、重庆话和当地话共用、普通话和当地话共用六种类型，它们所占的比例分别为：22.5%、60.0%、8.9%、1.4%、1.4%、5.8%。由此可见，移民在饭店用餐时，普通话的使用比例仍然居第一位，其次是重庆话。就性别来看，女性在这里使用普通话的比例仍然比男性多，男性单用普通话的比例为55%，而女性为66%，同时男性使用重庆话的比例也要高于女性，在单用重庆话方面，男性仍高出女性4个百分点。从年龄来看，老年人只有三种类型包括单用重庆话、单用普通话以及重庆话和普通话共用，其中第一种情况比重最大，为66%；其次是单用普通话，比例为31%，老年人在这里不存在使用当地话的情况。中年人与老年人不同，单用普通话的比重最大，为74%，同时使用当地话的比例也比老年人增加了11个百分点，中年人在单用重庆话这一项上的比例也降至14个百分点。青年人选择单用普通话的比例降至49%，比中年人低25个百分点，单用重庆话的青年人只占2个百分点，但与此相反，青年人单用当地话的比重则大幅增加，为31%，另有10%的青年人选择普通话和当地话共用。就迁入时间来看，三批移民在重庆话的使用上差异不大，而2004年迁入的移民有72%的人选择单用普通话，比2001年迁入的移民多17个百分点，比2002年迁入的移民多出19个百分点。另外，2004年迁入的移民在当地话的使用上也明显低于前面两批移民，只占3个百分点，而2001年迁入的移民选择单用普通话的为19%，2002年迁入的移民选择单用普通话的为22%。

（四）去医院看病时的语言选择

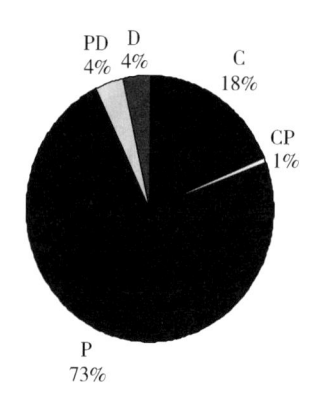

图2—4 不同交际场合下的语言选择：去医院看病

C＝重庆话；P＝普通话；D＝当地话

表2—26　　　　社会属性与语言选择交叉列联表　　　　单位:%

		语言选择					总数
		C	CP	P	PD	D	
性别	男	21	1	69	5	4	54
	女	16	0	79	2	3	46

续表

		语言选择					总数
		C	CP	P	PD	D	
年龄	青年人	0	0	78	8	13	19
	中年人	8	1	85	4	2	60
	老年人	65	0	35	0	0	21
迁入时间	2001 年	18	2	73	3	4	42
	2002 年	17	0	69	10	4	24
	2004 年	19	0	77	1	3	34
总数		22	3	58	6	9	100

C=重庆话；P=普通话；D=当地话

移民"去医院看病"时的语言选择有五类，分别是单用重庆话、单用普通话、单用当地话、普通话和重庆话共用、普通话和当地话共用，比例分别是：18.5%、73.4%、3.6%、0.8%和3.6%。与前面的分析相同，移民选择最多的仍然是单用普通话，其次是单用重庆话。从交叉列连的分析来看，男性在选择普通话的比例上仍然低于女性，在单用普通话这一项上，男性为69%，女性为79%，而在重庆话和当地话的使用上，男性比女性分别高出6个百分点和4个百分点。从年龄来看，老年人仍然只有两种选择，即单用重庆话和单用普通话，前者在老年人中所占的比重较多，为65%，后者为35%，老年人在这里没有使用当地话和两种语言共用的现象。中年人在单用普通话上的比例为85%，使用重庆话的比例降至9%，而当地话在中年人里提升至6个百分点。青年人在"去医院看病时"不使用重庆话，所以青年人在单用重庆话、重庆话和普通话共用两项上为零，78%的青年人去医院看病时选择使用普通话，另有8%的人选择普通话和当地话共用，另有13%的人使用当地话。就迁入时间来看，2004年迁入的移民在普通话的使用率上，仍比其他两次迁入的高4—8个百分点，而当地话的使用率则低3—10个百分点。

（五）小结

表 2—27　　　　　不同交际场合下的语言选择分布表　　　　单位:%

语言选择 交际场合	C	CP	CD	P	PD	D
去医院看病	18	1	0	73	4	4
去饭店吃饭	22	1	1	60	6	9
问路	18	1	0	73	3	4
去集贸市场	22	1	1	58	6	9

C = 重庆话；P = 普通话；D = 当地话

以上我们对移民在"去集贸市场买东西""向陌生人问路""去饭店吃饭""去医院看病"四种交际场合下的语言使用情况进行分析，从分析的结果可以看出：

首先，在不同场合中，移民语言的选用虽然有语言单用和两种语言共用两种，但是绝大多数人仍然是选择单用一种语言。其中以单用普通话的比重最高，其次是重庆话。总体来说移民在语言方面的接触仍然处于初级阶段，大多数人在日常生活中仍然只能借助于普通话这一现代汉民族共同语来满足交际需要。

其次，移民在不同的场合，面对不同的话题在语言使用上会有不同的表现，"去集贸市场买东西"和"去饭店吃饭"都属于非正式场合，"去医院看病"属于正式场合，而"向陌生人问路"虽然并不是完全意义上的正式场合，但是面对陌生人，人们自然会拉开一定的心理距离，所以也属于准正式场合。普通话作为现代汉民族共同语，早已在全国推广，现在普通话已经成为全国通用的教学语言、工作语言、宣传语言以及不同方言区人们之间的交际语言，在正式场合使用普通话已经成为全国人民的共识，而在非正式的场合，人民对语言的选择则较为随意，所以我们可以看到移民在"去集贸市场买东西"这一场合下，单用重庆话比例为22.5%，单用普通话的比例为58.3%，而在"去医院看病"时，单用重庆话的比例则为18.5%，降低了4个百分点，而单用普通话的比例则为73.4%，提高了15个百分点。"向陌生人问路"时单用普通话的比例为73%，而"去饭店吃饭"时单用普通话的比例则相对较低，只有60%，相应地前者使用重庆话的比例要低于后者。普通话在这里能够拉开彼此的距离，显示彼此的差异，也是提醒别人注意。

再次，移民自身的社会属性对于移民在不同话题上的语言选用也存在影响。从上面的分析来看，女性移民在普通话的使用上要高于男性，同时男性在两种语言共用以及当地话的使用率上都要高于女性。拉波夫在马萨葡萄园岛和纽约市的调查研究中，提出的"女性倾向于比男性更多地使用标准变式"这一社会语言学的性别模型，在许多学者的研究中都得到了验证。同样，在我们对移民的上述调查中也出现了类似的情况，女性对标准变式——普通话的推崇主要是因为普通话属于权威形式，女性对于权威形式高度敏感和自觉，并善于借助权威的语言形式来突出自己的地位从而获得尊重。而客观环境的变化更促使并强化了移民女性的普通话的使用，也就是由重庆到安置地，由于周边语言环境的变化，重庆方言和当地方言的差异，使得在日常生活中使用普通话成为必须。另外女性移民从事最多的行业是务农和个体经营，女性因为这些工作而有更多的机会接触和使用标准变式，所以这些都是造成女性移民更多地使自己的日常语言向标准变式靠近的原因。而男性由于他们的社交范围比女性广，活动范围比女性大，他们有更多的机会接触和学习当地话，在语言的使用上比女性更丰富和活跃。更重要的是男性在心理上对于具有"隐威信"的非标准语言变式非常青睐，所以相对于普通话，他们更乐于选用非标准变式的方言，包括重庆话和当地话。

就年龄来看，老年人中极少有人选择两种语言并用的，也没有人选择使用当地话。老年人对于新事物接受程度慢，在语言的使用上也比较保守，所以他们更多的是选择重庆话，另外也有小部分选择普通话。正式场合和非正式场合对于老年人的语言选择并没有太大影响。青年人正好相反，青年人在非正式场合，比如去饭店吃饭和去集贸市场买东西，有7%—9%的人选择使用重庆话，而在正式场合，没有青年人选择使用重庆话。另一方面，他们使用普通话和当地话的比例则大幅增加，在正式场合，如到医院看病，使用普通话的比例为78%，使用当地话的比例为13%。而在非正式场合，如去饭店吃饭，使用普通话的比例则降到49%，而使用当地话的比例则增至31%，可见正式场合和非正式场合，对于青年人的语言选择还是有较大的影响的。青年人对于新事物的学习和接受能力较强，他们学习当地话的能力也要高于老年人，由于普通话具有绝对的社会威望，当地话相对于重庆方言又是优势方言，这些对青年人来说都有巨大的吸引力，并驱使他们在日常的语言使用中向普通话和当地话靠拢。中年人处在老年人和青年人之间，他们选择普通话的比例要高于老年人和青年人，在正式场合下这个比例会更高。而重庆话的使用要低于老年人，当地话的使用低于青年人。中年人在移民之前，他们的语言系统已经成型并且比较稳定，而且他们与当地人的接触时间相对较短，所以他们不会像青年人一样较多地转用当地话。但同时中年人是社会生活的主体，是家庭的主要劳动力，这种社会地位决定了他们不能像老年人一样社交仅局限于移民内部，他们是与当地人交往最密切的群体，基于这种实际的需要和现实条件，他们在实际的社交生活中都会不同程度地习得当地话。

移民在2001年、2002年和2004年分三批迁入江苏省，在语言的使用上，第三批移民比前两批使用普通话的比例高，而使用当地话的比例最低。迁入时间的不同，对移民在上述四种场合中的语言使用并没有明显的影响。

以上我们分别从移民的母语习得情况、目前的语言使用水平，以及在不同交际对象、交际场合下的语言使用等方面对移民的语言使用情况进行了分析。移民在江苏省已经生活了3—6年的时间，在浙江生活了15年，经过这段时间的接触和磨合，在我们所调查的728名移民中，77%的江苏移民和90%的浙江移民目前可以使用两种或两种以上的语言（方言）进行交流。就他们的语言使用水平来看，86%的移民能熟练使用他们的母语，能使用普通话进行交际的移民占到总数的85%，而移民中能用当地话满足基本交谈的占19%，七成以上的移民目前虽然不能完全用当地话交流，但都可以听懂当地话，但浙江移民中能用当地话交流的比例为46.7%。在语言使用模式的研究中，我们分析了移民在面对家庭成员、非家庭成员的移民和当地人这三类对话者的语言使用模式，并从中总结了六类阶段性模式，分别是：重庆话模式，即"C模式"；重庆话和普通话的双语模式，即"CP模式"；普通话模式，即"P模式"；普通话和当地话双语模式，即"PD模式"；重庆话和当地话双语模式，即"CD模式"；当地话模式，即"D模式"。这六种模式是从我们总结出的若干语言使用模式中抽出来的，具有代表性，虽然不是每个移民的语言变化必须一一经历的阶段，但它们是能够反映移民语言整体变化的阶段性模式。重庆话模式是移民语言变化的初始阶段，当地话模式即移民完全放弃母语而转用当地话是三峡移民语言变化的终极阶段。由于普通话是不同方言区人们沟通的桥梁，是不同方言区人们之间的交际语言，所以根据自身普通话使用能力及实际的交际需要，他们会采用或部分借助普通话来进行交流，也就有了重庆话和普通话的双语模式和普通话模式。而从普通话和当地话双语模式、重庆话和当地话双语模式到当地话模式，我们可以看到移民的当地话水平的逐渐提高和由双语人到单语人的过渡。这六类模式实际上反映了三峡移民社区使用的语言从重庆话到当地话，从使用自己的母语到转用当地强势方言的变化过程。从我们的调查可以看出，在家庭内部和移民社区内部，移民的语言仍然处在重庆话阶段，重庆话是他们主要的交际工具。这种情况在家庭中更为突出，但其内部也并不是完全一致的，从老年人到中年人再到青年人，选择重庆话模式的比例逐渐降低，其中青年人在与非家庭成员的移民交流时，使用重庆话模式的比例下降为58.8%和31.6%。在与当地人交流时，老年移民大部分仍集中在重庆话模式，在移民初期，江苏大多数中年移民仍然处于第二层级，即借助普通话进行交流。但是在七八年后的浙江，我们看到有更多的移民已经进入到了普通话和当地话共同使用的阶段，比例高达35%，比江苏高25.6%。而且浙江移民中已有15.9%的移民进入第三层级，即使用当地话阶段，比江苏高12.9%。另外，江苏移民从面对祖父辈的当地人到面对子女辈的当地人，中年人使用普通话的比例逐渐增加，使用当地话和重庆话的比例逐渐减少。

更值得注意的是，青年人在与当地人交流的模式中，普通话和当地话成为主要的交流媒介，其中江苏和浙江两地青年人在与祖父辈、父辈、同辈和子女辈对话时，使用普通话的比例分别为78.3%、78.3%、78.3%、73.1%和0%、2%、34.7%、4%。使用当地话的比例为48.5%、48.5%、44.4%、40.3%和98%、98%、98%、2%。从以上数据可以看出，在移民初期的江苏青年人与当地人交流时更倾向于使用普通话，而经过十多年的融合后，浙江的青年移民更倾向于使用当地话交流。由此可以看出，移民整体仍然处在从重庆话模式到普通话模式的过渡阶段中，江苏移民属于变化过程的前段，而浙江移民则更进一步。在对"去集贸市场买东西""向陌生人问路""去饭店吃饭""去医院看病"四种交际场合下移民语言使用情况的调查显示，大部分移民会选择使用普通话，同时在正式场合使用普通话的比例要比非正式场合多。中年人和青年人的语言选用会根据场合的不同而变化，而老年人则缺少变化，青年人在非正式场合会使用少量重庆话，而在正式场合则完全不用重庆话，取而代之的是普通话和当地话的使用比例上升，也就是说在青年人的意识中重庆话已经不适合在正式场合使用，只能退居非正式场合。这也反映了由于实际交际的需要以及受强势方言背后的优越感的吸引，重庆话正在受普通话和当地话挤压，并逐渐收缩领地。

第三章　三峡移民语言态度研究

第一节　语言态度概述

一　语言态度的定义

态度是指个体对态度对象的稳定的行为倾向，是一种复杂的社会心理现象，属于社会心理学研究的范围。语言态度是态度中的一种，对于语言态度的界定学界有不同的说法，桂诗春、宁春岩的《语言学方法论》[①] 中讲道："关于语言态度有两种对立的观点：一种是心智主义（mentalist）的观点，它把语言态度看成是一种准备状态（a state of readiness）……一个人的语言态度使他准备对某一刺激，而不是对别的刺激做出反应。Williams 对心智主义的语言态度观的定义是：态度是某一种刺激所引起的内部状态。这种内部状态对机体随之而产生的反应起中介作用。另一种是行为主义的观点：根据这种观点，语言态度只来自人们对社会环境所作出的反应。"王远新在《中国民族语言学理论与实践》[②] 中认为："语言态度是一种十分复杂的社会心理现象，它即是一个由认知感情，行为倾向等因素组成的有机组合体……一种语言变体在社会中的交际功能、使用人口，以及使用该语言变体的集团在一定社区中的社会、经济、文化地位等因素都对语言态度有绝对作用……语言人的实际需要、感情、兴趣等也是影响语言态度的重要因素。"游汝杰、邹嘉彦在《社会语言学教程》[③] 中认为："语言态度是指个人对某种语言或方言的价值和行为倾向。"郭熙则认为

---

①　桂诗春等：《语言学方法论》，外语教学与研究出版社 1997 年版，第 141 页。
②　王远新：《中国民族语言学理论与实践》，《民族语文》2002 年第 6 期。
③　游汝杰等：《社会语言学教程》，复旦大学出版社 2004 年版，第 32 页。

语言态度是社会态度的体现，而且社会发展、文化背景、年龄、性别、社会群体的紧密程度等都与语言态度有密切联系。我们认为语言态度是由人们在社会认同和社会环境等因素的影响下，对有关语言文字的知识、感情和行为倾向等因素组成的一种语言心理现象，它主要反映的是语言人的主观愿望、看法和评价。

二 语言态度的研究

语言态度是社会语言学研究领域的重要课题，最早的研究是在20世纪50年代，1955年，费特曼·欧伯文选择黑人居民的话作为他的研究对象，他让黑人社区以外的人听这些黑人居民的话，并作出评价，判断说话人的地位，这是较早运用心理实验方法的一次研究，但它的影响并不是很大，问题在于，发音人的选择没有系统性，调查的信度和效度不大。真正有影响的研究是社会心理学家华莱士·兰伯特等在心理语言学家奥斯古德等使用的语义区分量表的基础上，第一次利用"配对语装技术"（matched-guise technique）对口语测评反应进行研究，从而引起学界对于语言态度研究的重视。国内学者对语言态度有很多研究成果，如：陈松岑的《新加坡华人的语言态度及其对语言能力和语言使用的影响》[1]，龙慧珠的《从职业背景看语言态度的分层》[2]，刘虹的《语言态度对语言使用和语言变化的影响》[3]，王远新的《论我国少数民族语言态度的几个问题》[4]，高一虹、苏新春、周雷的《回归前香港、北京、广州的语言态度》[5]，闫丽萍的《新疆少数民族预科学生双语态度的调查与分析》[6] 等，他们采用了"配对语装技术"（matched-guise technique）、语义微分量表（semantic differential scales）、直接测量和间接测量等方法，并得到了许多有价值的成果，如：分离出了语言态度的构成要素，分析了某些因素对语言态度的影响，以及

---

[1] 陈松岑：《新加坡华人的语言态度及其对语言能力和语言使用的影响》，《语言教学与研究》1999年第1期。
[2] 龙慧珠：《从职业背景看语言态度的分层》，《外语教学与研究》1999年第1期。
[3] 刘虹：《语言态度对语言使用和语言变化的影响》，《语言文字应用》1993年第3期。
[4] 王远新：《论我国少数民族语言态度的几个问题》，《满语研究》1999年第1期。
[5] 高一虹等：《回归前香港、北京、广州的语言态度》，《外语教学与研究》1998年第2期。
[6] 闫丽萍：《新疆少数民族预科学生双语态度的调查与分析》，《民族教育研究》2002年第2期。

语言态度对语言使用、语言能力及语言变化的影响，分析了语言态度在第二语言中所扮演的角色并促进了我国少数民族语言态度的调查。

语言态度属于语言的社会心理范畴，对人们的语言选择、语言能力、语言行为有着深刻的影响。语言态度不同的人，语言能力和使用水平各异，同一个人在不同语言环境中，语言能力和使用水平也呈现出差异，这些都说明语言态度是影响人们在交际中选择使用不同言语形式达到同样的交际目的的直接原因，有什么样的语言态度就会有相应的对待母语和第二语言的心理反应，而这种心态又制约着人们的语言学习的积极性，进而影响第二语言的习得，所以语言态度的研究具有重要的理论价值和现实价值，对于了解一个群体或社团的社会心理特点，并制定切实可行的语言政策都有重要意义。本章将以江苏的安置移民为调查对象，对其语言态度进行调查和研究，其结果可以使我们进一步了解移民初期，三峡移民语言使用现状并预测未来的发展，也可以为当地政府和以后的移民制定有关的语言政策提供相应的参考和借鉴。

第二节　三峡移民的母语使用态度

一　三峡移民的母语忠诚

语言承载着一个地区的历史和文化，如果语言使用者冷落自己的母语，那么该语言也会逐渐丧失活力甚至退出交际领域，而母语忠诚度越高则语言的活力越强。

（一）三峡移民母语忠诚状况

在《三峡移民语言状况调查问卷》中，针对三峡移民的母语忠诚问题，我们设计了三个问题："如果有移民不愿意说重庆话，您持什么态度？"，"如果有移民跟你说普通话，您持什么态度？"，"如果有移民跟你说当地话，您持什么态度？"，统计结果如下：

从统计的结果来看，三峡移民中无论是对"拒绝使用重庆话"，还是对"使用普通话"，或者"使用当地话"，持"非常支持"态度的人为零。在"移民拒绝使用重庆话"的问题上，持"非常反感"态度的为14.5%，持"听着不习惯"态度的为23.3%，两项共占总数的37.8%，而觉得"无所谓"的移民占到32.4%，在五项中所占比例最高，另外持理解态度的比例为29.8%，在五类态度中排名第二，也相对较高。在移民之间使用普通话的问题上，他们的选择多集中在"可以理解"，占38%；其次，认为"无所谓"的占29.6%，而持异议的两项共占32.4%。在移民之间使用当地话的问题上，持"非常反感"态度的为20.3%，认为"听着不习惯"的占27%，持异议的这两项所占比例最大，为47.3%，而持"无所谓"和"可以理解"态度的比例分别为24.5%和28.2%。

表3—1　　　　　　　母语忠诚的调查（样本量＝503）　　　　　　单位:%

	拒用重庆话	使用普通话	使用当地话
非常反感	14.5	8.9	20.3
听着不习惯	23.3	23.5	27.0
无所谓	32.4	29.6	24.5
可以理解	29.8	38.0	28.2
非常支持	0	0	0

从横向比较来看，在上述三个问题中，移民对彼此之间使用当地话这种情况最为反感，所占比例最高，分别比前两种高出5.8个和11.4个百分点。而移民对"使用普通话"持理解态度的比例最高，为38%。另外在这三项中，移民认为最"无所谓"的是在面对其他人不愿意使用母语的情况，它所占的比例要比持赞同和反对意见的分别高出2.8个和7.9个百分点，由此也可以看出，一方面，移民对自己的母语仍然持比较宽松和开放的态度，对不使用母语的人持异议的比例与持中立态度和理解态度的比例相差不大。从另一方面来看，移民对普通话和当地话的态度截然不同。移民对使用普通话持理解态度的人最多，而对使用当地话持异议的人最多，这让我们意识到，因为普通话的权威性和优越性在全民当中有较为普遍的认知度，所以移民中持异议和中立态度的人较少。但是当面临另一种没有在移民社区内部获得认同的方言介入并可能威胁其母语地位的情况时，移民会对其他方言产生排斥心态，这种看似前后矛盾的态度实际上也反映了移民在潜意识里对母语的浓厚的情感，母语作为维系自身与故乡的纽带，作为群体认同的标记，移民对它有着相对隐性的母语忠诚。

（二）母语忠诚情况的共时差异分析

下面我们从性别、年龄、迁入时间、文化程度、职业等社会属性方面对其进行共时差异方面的探讨。

1. 性别

表 3—2　　　　　　　　对性别变量的方差分析

	F	sig
拒用重庆话 * 性别	9.675	0.002
使用普通话 * 性别	10.192	0.001
使用当地话 * 性别	14.402	0.000

表 3—3　　　　　　　　按性别分组的均值比较报告表

性别		拒用重庆话	使用普通话	使用当地话
男	均值	2.64	2.84	2.43
	样本量	269	269	269
	标准差	1.102	1.084	1.181
女	均值	2.93	3.12	2.80
	样本量	234	234	234
	标准差	0.921	0.839	0.965
总数	均值	2.78	2.97	2.61
	样本量	503	503	503
	标准差	1.031	0.986	1.101

从对性别变量的方差分析中，我们可以看到不同性别间的拒用重庆话的显著性水平 sig 的值为 0.002，使用普通话的显著性水平 sig 的值为 0.001，使用当地话的显著性水平 sig 的值为 0.000[1]，都比 0.05 小，所以男性和女性在"拒用重庆话""使用普通话"和"使用当地话"三项具有显著差异。从均值比较来看，在拒用重庆话问题上，男性均值为 2.64，女性均值为 2.93，两者的均值差为 0.29，都小于 3，仍属于无所谓的态度[2]。同样在使用普通话和使用当地话两项上，女性的均值均比男性高，

---

[1] sig 值是统计学方差检验值，sig<0.05 证明研究的差异经过检验，具有统计学上的意义。
[2] 这里均值为 1 以下的为非常反感，均值在 1-2 之间的为听着不习惯，均值在 2-3 之间的为无所谓，均值在 3-4 之间的为可以理解，均值在 4-5 之间的为非常支持。

两者的均值差分别是：0.28和0.37，而女性使用普通话的均值为3.12，属于可以理解的范围内。男性在上述三项上均值都在2—3之间，他们的态度均为"无所谓"，而其中使用普通话的均值最高，分别比拒用重庆话和使用当地话两项高0.2和0.41。女性除在使用普通话上的均值大于3外，其他均属于"无所谓"的态度，同样她们在使用普通话上的均值最高，为3.12，其次是拒用重庆话，为2.93，再次是使用当地话，为2.80。

2. 年龄

表3—4　　　　　　　　按年龄分组的均值比较报告表

年龄		拒用重庆话	使用普通话	使用当地话
青年	均值	3.08	3.19	2.88
	样本量	97	97	97
	标准差	0.812	0.833	0.949
中年	均值	2.82	3.01	2.66
	样本量	300	300	300
	标准差	1.028	0.980	1.083
老年	均值	2.37	2.64	2.20
	样本量	106	106	106
	标准差	1.098	1.062	1.174
总数	均值	2.78	2.97	2.61
	样本量	503	503	503
	标准差	1.031	0.986	1.101

以上我们根据年龄的不同对上述三个问题进行了均值计算，不同年龄段的人在拒用重庆话（sig=0.000<0.05）、使用普通话（sig=0.000<0.05）和使用当地话（sig=0.000<0.05）上都有显著差别。从青年人到中年人再到老年人，随着年龄的增加，均值呈下降趋势。青年人对"拒用重庆话"和"使用普通话"持可以理解的态度，而对"使用当地话"持无所谓的态度。青年人第二项的均值数最高，为3.19，比第一项高出0.11，比第三项高出0.31。而中年人除了对"使用普通话"持可以理解的态度外，对其他两项均持无所谓的态度，其"使用普通话"的均值为

3.01，比其他两项分别高出 0.19 和 0.35。老年人在上述三项中，均持无所谓态度，均值分别为 2.37、2.64 和 2.20。从纵向来看，青年人在拒用重庆话这一项上的均值为 3.08，比老年人和中年人都要高，其中比中年人高 0.26，比老年人高出 0.71。同样，在其他两项上，青年人也要高于中年人和老年人。老年人在"拒用重庆话"和"使用当地话"的均值都较低，比较靠近"听着不习惯"的取值范围。

3. 迁入时间

表 3—5 对迁入时间变量的方差分析

	F	sig
拒用重庆话 * 迁入时间	5.348	0.005
使用普通话 * 迁入时间	3.449	0.033
使用当地话 * 迁入时间	1.543	0.215

表 3—6 按迁入时间分组的均值比较报告表

年龄		拒用重庆话	使用普通话	使用当地话
2001	均值	2.68	2.88	2.58
	样本量	215	215	215
	标准差	1.039	0.949	1.094
2002	均值	3.04	3.17	2.76
	样本量	119	119	119
	标准差	0.978	0.968	1.081
2004	均值	2.71	2.93	2.53
	样本量	169	169	169
	标准差	1.032	1.030	1.118
总数	均值	2.78	2.97	2.61
	样本量	503	503	503
	标准差	1.031	0.986	1.101

从方差分析中可以看出，不同的迁入时间在"拒用重庆话"和"使用普通话"两项的表现上具有显著差异，"拒用重庆话"的显著性水平

sig 值为 0.005，"使用普通话"的显著性水平 sig 值为 0.033，均小于 0.05。而不同迁入时间的移民在"使用当地话"的态度上没有显著差异，其显著水平 sig 值为 0.215，比 0.05 大得多。

根据均值报告表我们可以看出，2001 年迁入的移民对"拒用重庆话""使用普通话"和"使用当地话"三项上所持的态度均为"无所谓"，而其中在"使用普通话"上的均值最高，为 2.88，比其他两项的均值分别高出 0.2 和 0.3。2002 年迁入的移民在"拒用重庆话""使用普通话"上的均值为 3.04 和 3.17，他们的态度均属于"可以理解"，但对"使用当地话"持"无所谓"态度。2004 年迁入的移民对上述三项均持"无所谓"态度，他们的均值都在 2—3 的范围内，其中以普通话的均值最高，为 2.93，接近"可以理解"的取值范围。从纵向来看，2002 年迁入的移民对母语的态度最为开放，他们对于"拒用重庆话"和"使用普通话"均持"可以理解"的开放心态，而其他两批移民在态度上则相对消极，且 2001 年的移民在"拒用重庆话"和"使用普通话"的均值均要小于 2004 年。

4. 文化程度

表 3—7　　　　　　　按文化程度分组的均值比较报告表

文化程度		拒用重庆话	使用普通话	使用当地话
文盲	均值	2.00	2.32	1.80
	样本量	41	41	41
	标准差	0.806	1.011	0.872
小学	均值	2.68	2.82	2.52
	样本量	193	193	193
	标准差	1.071	1.021	1.208
初中	均值	2.91	3.11	2.70
	样本量	199	199	199
	标准差	1.009	0.961	1.005
高中及以上	均值	3.10	3.34	3.04
	样本量	70	70	70
	标准差	0.837	0.657	0.892

续表

文化程度		拒用重庆话	使用普通话	使用当地话
总数	均值	2.78	2.97	2.61
	样本量	503	503	503
	标准差	1.031	0.986	1.101

我们把移民的文化程度分为四个层次，分别为：文盲、小学、初中和高中及以上。分析结果显示，不同文化程度的人在"拒用重庆话"（sig = 0.000 < 0.05）、"使用普通话"（sig = 0.004 < 0.05）和"使用当地话"（sig = 0.002 < 0.05）上都有显著差别。文化程度为文盲的移民在"拒用重庆话"和"使用当地话"上的均值分别为2.00和1.80，都在"听着不习惯"的取值范围内，而他们对"使用普通话"持"无所谓"态度，均值仍然较低，为2.32。文化程度为小学的移民，他们对上述三个考察项均持"无所谓"的态度，其中以"使用普通话"的均值最大，为2.82，其次是"拒用重庆话"，而"使用当地话"的均值最低，为2.52。文化程度为初中的移民在"使用普通话"的态度上较为积极，均值为3.11，持"可以理解"的态度。同时他们在对待拒用母语的问题上，态度也较为开放，所得均值为2.91。另外，他们在"使用当地话"问题上的均值也较高。文化程度为高中及以上的移民，在上述三项上均持理解态度，他们的均值分别是3.10、3.34、3.04，表现出了较为积极和开放的态度。从纵向的比较来看，从文盲到小学到初中再到高中及以上，随着文化程度的提高，移民对以上三个考察项的态度均从经历不习惯到无所谓，最后到可以理解的过程，其中在"使用当地话"的问题上，均值差最大为1.24。随着文化程度的提高，移民所持的态度也逐渐开放。

5. 职业

表3—8　　　　　　按职业分组的均值比较报告表

职业		拒用重庆话	使用普通话	使用当地话
务农	均值	2.57	2.74	2.43
	样本量	298	298	298
	标准差	1.120	1.063	1.165

续表

职业		拒用重庆话	使用普通话	使用当地话
个体经营	均值	3.05	3.29	2.78
	样本量	171	171	171
	标准差	0.849	0.787	0.987
学生	均值	3.15	3.32	3.26
	样本量	34	34	34
	标准差	0.500	0.535	0.567
总数	均值	2.78	2.97	2.61
	样本量	503	503	503
	标准差	1.031	0.986	1.101

在本书里，我们将职业分为四类，分别为务农、个体经营、学生和脑力劳动者，因为在所调查的样本中脑力劳动者只有1人，所以为了便于分析，我们将其合并到学生类中。根据分析可知，不同的职业在"拒用重庆话"（sig=0.000<0.05）、"使用普通话"（sig=0.000<0.05）和"使用当地话"（sig=0.001<0.05）的问题上都有显著差别。从均值比较表中可以看出，务农的移民对于上述三项均持"无所谓"的态度。从事个体经营的移民，在"拒用重庆话"和"使用普通话"上的均值分别为3.05和3.29，持理解态度；对"使用当地话"持"无所谓"态度，均值为2.78。目前身份为学生的移民，他们的均值分别为3.15、3.32、3.26，均持理解态度。从务农到个体经营再到学生，他们的均值逐渐提高，也就是说，随着社会地位的逐渐提高，他们对于"拒用重庆话""使用普通话"和"使用当地话"的态度是从无所谓到理解，持越来越开明的态度。同时我们也要看到差别：个体经营者和学生对"拒用重庆话"和"使用普通话"都持理解态度，但只有学生对"使用当地话"持理解态度。

从以上的分析我们可以看出，性别、年龄、文化程度和职业都对三峡移民的母语忠诚有显著影响。在三峡移民中，女性在语言态度上比男性更倾向于标准语，更倾向于优势方言，女性在我们设置的三个考察项上的均值都高于男性，不仅对"使用普通话"持理解态度，而且对"使用当地话"的态度也较为积极。就年龄来看，从老年人到中年人再到青年人，随着年龄段的降低，三峡移民在上述三项上的态度也逐渐开放，其中对"使用普通话"，除老年人外，中年人和青年人都持理解态度。另外青年人对"拒用重庆话"也持理解态度。虽然老年人、中年人和青年人对"使用当地话"都持"无所谓"态度，但青年人的均值最高，接近"可以理解"的取值范围。总体来看，老年人在态度上更为保守，青年人更为激进，中年人则处于两者之间。就文化程度来看，从文盲到高中及以上，随着文化程度的提高，移民的态度也从"听着不习惯"到"可以理解"，其中，青年人在"拒用重庆话""使用普通话"和"使用当地话"三项上均持理解态度。文化程度越高，受教育时间越长，人们的思想和眼界也越开阔，相对的语言态度也会越开放和积极。就职业来看，从事个体经营的移民要比务农的移民活动的范围大得多，接触的人多，使用普通话的机会更多，所以他们对"拒用重庆话"和"使用普通话"都持理解态度。从事个体经营的移民多为中年人，文化程度不高，他们的语言系统已经形成并基本稳定，对于安置地的方言的接受和学习要经历相对较长的时间，而学生年龄较小，接受能力强，他们头脑灵活，模仿能力较强，对于新事物有强烈的好奇心，这些都使得学生在语言态度上比其他人持有更开放的心态。

二 三峡移民对母语未来发展的态度

（一）移民对母语发展态度的现状

我们从三方面来考察移民对于母语未来发展的态度，分别是："是否希望当地的媳妇学说重庆话""是否希望重庆话能保留下去""预测重庆话的发展趋势"，具体的分析结果如下：

表3—9　　　是否希望当地的媳妇学说重庆话（样本量=503）

	频率	百分比	有效百分比	累计百分比
不希望	71	14.1	14.1	14.1
不太希望	114	22.7	22.7	36.8
无所谓	250	49.7	49.7	86.5
比较希望	59	11.7	11.7	98.2
很希望	9	1.8	1.8	100.0
总数	503	100.0	100.0	

在我们的调查中，82.9%的移民对与当地人通婚持赞成态度，其中64.6%的人认为应当尊重这种行为，还有18.3%的人认为应该提倡。虽然目前只有9.5%的移民家里有与当地人通婚的，比例较小，但是随着移民在当地居住时间的增加，相互通婚的比例也会因此而增加，那么当地人嫁入移民家庭后的语言情况，也就成为我们研究移民母语发展的一个角度。从上面的统计结果可以看出，49.7%的移民对"是否希望当地的媳妇说重庆话"持"无所谓"的态度，所占比重最大。而表示"不太希望"的比例为22.7%，居第二位；明确表示不希望的，占14.1%，两者共占36.8%。表示"比较希望"和"很希望"的共占13.5%，只占很小一部分。由此可以看出，移民对嫁入的外地媳妇并不强求其学说重庆话，从中我们也可以看出，三峡移民的平和开放的语言态度。

表3—10　　　　是否希望重庆话能保留下去（样本量=503）

	频率	百分比	有效百分比	累计百分比
不希望	8	1.6	1.6	1.6
不太希望	11	2.2	2.2	3.8
无所谓	232	46.1	46.1	49.9
比较希望	164	32.6	32.6	82.5
很希望	88	17.5	17.5	100.0
总数	503	100.0	100.0	

从表3—10的统计可以看出，移民当中不希望以及不太希望重庆话保留下去的，只占总数的3.8%；而对此持无所谓态度的，占46.1%；比较希望以及很希望重庆话能保留下去的分别占到32.6%和17.5%，两者占总数的50.1%。由此可见，对自己的母语是否要保留的问题，绝大多数的移民还是在"无所谓"和"希望"两种态度之间摇摆，其中有五成的移民希望它能够保留下来，移民对自己的母语仍有着很深的感情。

表3—11　　　　预测重庆话的发展趋势（样本量=503）

	频率	百分比	有效百分比	累计百分比
一定会消失	67	13.3	13.3	13.3
可能消失	149	29.6	29.6	42.9

续表

	频率	百分比	有效百分比	累计百分比
说不清	143	28.4	28.4	71.4
基本不变	87	17.3	17.3	88.7
保持不变	57	11.3	11.3	100.0
总数	503	100.0	100.0	

对于重庆话未来的发展趋势，28.6%的移民认为它会继续保持原样；有28.4%的移民对重庆话未来的发展持茫然的态度；而认为将来重庆话可能会消失的占29.6%，认为它一定会消失的占13.3%，两者共占总数的42.9%。对照上文中的"是否希望重庆话能保持下去"的分析，我们可以看出，虽然有半数的移民希望重庆话能在安置地继续保持下去，但是却有四成以上的移民对未来重庆话的发展持消极态度，认为重庆话在将来会走上逐渐消失的道路，持乐观态度的人不到三成。移民虽然在感情上无法接受重庆话的消失，并希望它能够保持下去，但是他们对于母语所处的环境有较清晰的认识，对母语未来的发展持悲观态度。

（二）移民对母语未来的发展心态的共时差异分析

1. 性别

表 3—12　　　　　　　对性别变量的方差分析

	F	sig
当地媳妇学说重庆话 * 性别	12.903	0.000
重庆话的保留 * 性别	0.212	0.645
重庆话的发展趋势 * 性别	0.657	0.418

从对性别变量的方差分析的结果可以看到，不同性别的移民在"是否希望当地媳妇学说重庆话"（sig = 0.000 < 0.05）上存在显著差别，男性的均值为2.78，而女性的均值为2.49，虽然男性和女性对当地媳妇说重庆话都不持积极态度，但是女性在态度上比男性更消极，更不赞同这种做法。不同性别在"是否希望重庆话能保留下去"（sig = 0.645 > 0.05）和重庆话未来的发展趋势（sig = 0.418 > 0.05）问题上都没有显著差别，所以从总体上说，不同性别在对母语未来的发展心态上整体差异并不明显。

2. 年龄

表3—13　　　　　　　　按年龄分组的均值比较报告表

年龄		当地媳妇学说重庆话	重庆话的保留	重庆话的发展趋势
青年	均值	2.11	3.14	2.54
	样本量	97	97	97
	标准差	0.956	0.629	1.100
中年	均值	2.59	3.52	2.76
	样本量	300	300	300
	标准差	0.823	0.782	1.138
老年	均值	3.27	4.34	3.34
	样本量	106	106	106
	标准差	0.811	0.779	1.301
总数	均值	2.64	3.62	2.84
	样本量	503	503	503
	标准差	0.925	0.852	1.196

不同年龄段的移民在是否希望当地媳妇学说重庆话（sig = 0.001 < 0.05）、是否希望重庆话能保留下去（sig = 0.001 < 0.05）和重庆话未来的发展趋势（sig = 0.000 < 0.05）上都有显著差别。在"是否希望当地媳妇学说重庆话"的问题上，青年人的均值为2.11，中年人的均值为2.59，老年人的均值最高为3.27，分别比青年人和中年人高出1.16和0.68，随着年龄的增加，希望当地媳妇学说重庆话的比例也在增加。在我们的调查中，97位青年人中，只有7%的人对此的态度是"希望"或者"很希望"，而持"不希望"和"不太希望"的否定态度的比例占到63%。在300位中年人中，持支持态度的为9%，比青年人略有提高，而有超过半数的中年人对此的态度为"无所谓"，比例为55%，持反对意见的降为36%。而老年人中，希望当地媳妇学说重庆话的上升到33%，比中年人和青年人都有了大幅的提高，另外也有53%的老年人持中立态度，对此持"无所谓"态度。由此可以看出，虽然有半数的移民持中立态度，但是在不同年龄阶段上，特别是青年人和老年人对此仍有明显的差异。

在是否希望重庆话得以保留的问题上,老年人的均值最高,为4.34,比青年人和中年人分别高出1.2和0.82,老年人中希望和比较希望重庆话能保留下来的占81%,另有19%的持中立态度,持反对意见的为零。中年人中持中立和支持态度的比例分别为47%和48%,另外,仍有5%的不太希望重庆话能保留。青年人中74%的人对此持中立态度,持支持态度的为22%,比老年人和中年人都要少,同时有4%的人不希望重庆话保留。从老年人到中年人再到青年人,随着年龄的降低,对于母语的情感也呈下降趋势,他们在是否希望重庆话能够保留的态度上也从希望保留逐渐过渡到中立。

在对重庆话将来的发展预测方面,中年人和青年人的均值分别为2.54和2.76,老年人在此项上的均值最高,为3.34。青年人中,55%的人认为重庆话在将来可能或一定会消失,中年人中也有43%的人持相同看法,老年人中持该看法的有一定的降低,但也有32%。另外,老年人中更多的人认为将来重庆话会继续保持下去,所占比例为45%,比中年人和青年人分别高出20个百分点和22个百分点。总体来说,虽然老年人对重庆话的保持抱有强烈的愿望,但是他们对于重庆话未来的发展趋势并不抱很乐观的心态。

3. 迁入时间

表3—14　　　　　　　对迁入时间变量的方差分析

	F	sig
当地媳妇学说重庆话*迁入时间	1.381	0.252
重庆话的保留*迁入时间	0.094	0.910
重庆话的发展趋势*迁入时间	12.671	0.000

从对迁入时间的方差分析可以看到,不同时间迁入的移民对重庆话未来发展趋势的态度(sig=0.000<0.05)有明显差异。2001年迁入的移民的均值为2.61,2002年迁入的移民的均值为2.72,2004年迁入的移民的均值为3.20,由此可以看出,越晚来安置地的移民,对于重庆话未来的发展越持积极态度,而在安置地居住时间较长的移民,随着他们逐渐融入当地的生活中,一方面他们在日常生活中会更深刻地感受到重庆话的局限性以及来自当地话的压力。另一方面,当地话作为优势方言,以及它所代

表的相对优越的社会地位，对移民会产生一定的吸引力，这些都会造成移民对母语未来发展持较悲观的态度。从表3—14中也可以看出，不同的迁入时间在"是否希望当地媳妇学说重庆话"（sig=0.252>0.05）以及"是否希望重庆话能继续保留"（sig=0.910>0.05）两个问题上没有显著差异。

4. 文化程度

表3—15　　　　　　　按文化程度分组的均值比较报告表

文化程度		当地媳妇学说重庆话	重庆话的保留	重庆话的发展趋势
文盲	均值	3.63	4.24	3.49
	样本量	41	41	41
	标准差	0.799	0.767	1.416
小学	均值	2.78	3.87	3.03
	样本量	193	193	193
	标准差	0.846	0.828	1.181
初中	均值	2.51	3.32	2.56
	样本量	199	199	199
	标准差	0.840	0.815	1.099
高中及以上	均值	2.09	3.43	2.71
	样本量	70	70	70
	标准差	0.913	0.650	1.144
总数	均值	2.64	3.62	2.84
	样本量	503	503	503
	标准差	0.925	0.852	1.196

我们把移民的文化程度分为四类，分别是：文盲、小学、初中、高中及以上。根据我们的分析结果，不同文化程度的移民在"是否希望当地媳妇学说重庆话"（sig=0.003<0.05）、"是否希望重庆话能保留下去"（sig=0.001<0.05）和"重庆话未来的发展趋势"（sig=0.000<0.05）上都有显著差别。

随着文化程度的逐步提高，移民在是否希望当地媳妇学说重庆话这一项上的均值逐步降低。文化程度为文盲的移民，均值为3.63，说明他们最希望当地的媳妇能说重庆话；文化程度为小学和初中的均值分别为2.78、2.51；而高中及以上的均值为2.09，在上述四类中最低，他们对当地媳妇说重庆话的要求最低。65%的高中及以上学历的人对该问题持不希望或者不太希望的态度，而只有6%的人表示希望当地媳妇学说重庆话。相比较来说，文化程度为文盲的人中，58%的人希望当地媳妇说重庆话，持否定态度的只有7%。学历为小学和初中的人中，分别有50%和60%的人持无所谓态度；而持否定态度的人中，小学学历比初中学历的低4个百分点，持支持态度的则比初中学历的高12个百分点，前者占17%，后者只占5%。随着文化程度的提高，移民在是否希望当地媳妇学说重庆话上的态度也从希望逐渐过渡到不希望。

在"是否希望重庆话能保持下去"的问题上，文化程度为文盲的均值最高，为4.24，比小学学历的均值高0.37。81%的文盲希望重庆话能保持下去，而持否定态度的为零。在193位小学学历的人中，有65%的人希望重庆话能保持，另有32%的人持中立态度。初中和高中学历的，在均值上的差距较小。但是高中及以上学历的人中，持中立态度的人要比初中学历的高8个百分点，另外，高中及以上学历的人中没有持反对态度的，但初中学历的移民中却有。由此可以看出，虽然文盲和高中及以上学历的均值差异最大，但是他们的差异主要集中在持中立态度和支持态度的频次上，而且他们都没有对重庆话的保留持反对态度。小学和初中学历的人中，分别有2%和8%的人选择不希望重庆话能保留下去。

对于重庆话未来的发展趋势，文化程度为文盲的均值最高，为3.49，他们对重庆话的未来持较为乐观的态度。61%的人认为未来重庆话继续保持不变，另外持悲观和消极态度的人分别占34%和5%。初中和高中及以上学历的均值较低，其中初中学历的均值最低，为2.56。从频次上看，在199位初中学历的移民中，51%的人对重庆话未来的发展持悲观态度，认为它在将来可能逐步消失，比高中及以上学历的多5个百分点；而持积极心态的只占18%，在四种文化类型中比重最小。高中及以上学历中，有46%的人持消极态度，而持中立和积极态度的比例都为27%。总体来看，随着文化程度的提高，移民对重庆话的发展趋势从乐观的态度逐步过渡到悲观，但相比较来说，移民在三种态度上的分布更加均匀。

5. 职业

表 3—16　　　　　　　　按职业分组的均值比较报告表

职业		当地媳妇学说重庆话	重庆话的保留	重庆话的发展趋势
务农	均值	2.88	3.80	3.05
	样本量	298	298	298
	标准差	0.907	0.854	1.216
个体经营	均值	2.33	3.39	2.59
	样本量	171	171	171
	标准差	0.826	0.822	1.151
学生	均值	2.18	3.26	2.18
	样本量	34	34	34
	标准差	0.936	0.567	0.673
总数	均值	2.64	3.62	2.84
	样本量	503	503	503
	标准差	0.925	0.852	1.196

根据我们的分析，不同职业的移民在"是否希望当地媳妇学说重庆话"（sig = 0.000 < 0.05）、"是否希望重庆话能保留下去"（sig = 0.001 < 0.05）和"重庆话未来的发展趋势"（sig = 0.000 < 0.05）上都有显著差别。

从务农到个体经营再到学生，移民在"是否希望当地媳妇学说重庆话"问题上的均值逐渐降低，从最初的 2.88 依次降到 2.33、2.18。虽然从事农业劳动的移民的均值并不是很高，但相比较来说，他们比从事个体经营的移民和学生更希望当地媳妇能说重庆话。在 298 位务农的移民中，有 53% 的人持无所谓态度；有 27% 和 20% 的人分别持不希望和希望的态度。在从事个体经营的人中，52% 的人对此持不希望或不太希望的态度，而持希望态度的仅为 4%。在学生中，有 53% 的人持无所谓态度，47% 的人持不希望的态度，持希望态度的为零。虽然总的来说，在我们的调查中，有半数的移民在该问题上的态度是中立的，但随着社会身份的提高，持积极态度的人在逐渐减少，而持消极态度的人在逐渐增多。

在"是否希望重庆话能保留下去"的问题上，务农的移民的均值为

3.80，在三类职业中均值最高，可见他们对重庆话的保留最为积极。从事个体经营的均值为3.39，学生的均值最低，为3.26。虽然三类职业的均值都相对较高，但是随着社会身份的提高，均值呈下降趋势。从事农业生产的人中，有62%的人希望重庆话能保留下来，持反对意见的只占4%。在从事个体经营的人中，60%的人对该问题持中立态度。而学生中持中立态度的更多为79%，而持反对意见的为零。

在"重庆话未来的发展趋势"方面，从事农业生产的移民的均值最高，为3.05，他们对重庆话未来的发展持积极态度。从事个体经营的均值为2.59，学生的均值最低，为2.18，他们对于重庆话的未来并不乐观。从事农业生产的移民中，持悲观态度、中立态度和乐观态度的比例分别为35%、29%、36%，分布相对均匀。在从事个体经营的人中，认为重庆话将来可能消失的人比持相同意见的务农的人多，达到51%，持乐观态度仅为22%。而学生中，对此持乐观态度的为零，持消极态度的达到68%。伴随职业身份的提高，移民对重庆话未来发展的心态也从乐观变为悲观。

以上我们就移民对母语未来的发展心态从性别、年龄、迁入时间、文化程度和职业五个社会变量进行了分析。结果显示，年龄、文化程度和职业对移民的母语未来发展心态有明显影响。从性别来说，虽然在我们调查的样本中，有半数的人表示不强行要求当地的媳妇学说重庆话，但是老年人中仍有三成的人希望当地媳妇能说重庆话，比中年人和青年人都高，而青年人中仅有少数人持相同态度。老年人对于母语的浓厚感情，在"是否希望重庆话能保留"的问题上表现得更为突出，有八成的老年人希望母语能够保留，但仍有三成的老年人在预测重庆话的未来时，持悲观态度，由此也可以看出，老一辈的重庆人面对母语时的理想与现实的落差。青年人中，74%的人对重庆话是否要保留持中立态度，同时55%的人认为将来重庆话会消失。青年人对母语持比较开放的态度，没有老年人的理想与现实的无奈。这也与青年人思想开放、活跃，易于接受新事物的特性有关。就文化程度来看，文化程度越低的移民，就越会希望当地的媳妇学说重庆话，他们对于母语能继续保留下来的希望也越强烈，同时在预测母语的未来发展时也偏向乐观。文化水平低的人，一方面在使用普通话的能力上相应较低，他们缺少与当地人沟通的有效工具，为了日常生活的顺利进行尤其是在家庭中，他们更强烈要求非移民身份的家人会使用重庆话。

另一方面，他们对于母语的感情要比初中或者高中学历的人更加深厚，对于母语的认同更强烈，在主观上对母语的未来也抱有美好的愿望和乐观的心态。而文化程度较高的人，由于有相对较长的教育经历，他们的普通话水平较高，且眼界较为开阔，对于母语的地位及未来发展，有较为实际的认识。从职业来说，务农的移民处在社会分工的底层，一方面他们的语言能力相对较低；另一方面他们生活范围较窄，日常接触较多的仍是移民，重庆话在他们日常的交际之中占据重要的部分，他们对于来自外界的语言压力的感受并不深刻，所以他们比其他职业的人更会要求当地媳妇说重庆话，对于重庆话的未来也更抱有希望和乐观的态度。从事个体经营的移民和学生，他们的活动领域相对较大，与当地的交流也很多，他们对重庆话在个人的工作、就业、社交或学习上的限制会有更强烈的感受，对当地话或普通话地位价值逐渐认同。当地话或普通话逐渐成为他们的工作语言、社交语言、学习语言，成为他们攀登社会阶梯的助力，而重庆话则是移民社区内部的语言，是某种维持情感的工具，这种对于语言地位和价值的变化，也使得他们在面对重庆话时的态度有所不同。

第三节　三峡移民语言学习态度

一　三峡移民自身学习意愿

个体的语言学习意愿不仅会影响自身的语言能力及使用水平，也会影响一种语言的最终发展走势。

（一）三峡移民自身学习意愿现状

表3—17　　　　　　　　三峡移民语言学习意愿表

态度	普通话		当地话	
	频率	百分比	频率	百分比
很不愿意	3	0.6	10	2.0
不愿意	35	7.0	39	7.8
无所谓	94	18.7	188	37.4
愿意	252	50.1	165	32.8
非常愿意	119	23.7	101	20.1
总数	503	100.0	503	100.0

从我们对移民普通话学习意愿的频次分析中,可以看出,在503人中,有73.8%的人表示愿意学习普通话;只有7.6%的人对学习普通话持反对态度;另有18.7%的移民对学习普通话持中立态度。而在学习当地话意愿的调查中,表示不愿意学习当地话的共占9.8%,比不愿意学习普通话的略高2.2个百分点;对学习当地话持支持态度的为52.9%,虽然有超过半数的移民愿意学习当地话,但仍比愿意学习普通话的少20.9个百分点;而移民中持中立态度的要比普通话多18.7个百分点。总体来看,在我们调查的移民中,有半数以上的移民有学习母语之外的语言的意愿,他们在语言学习上的态度整体上是积极的。但在面对普通话和当地方言时,态度略有不同。普通话作为全民共同语,是不同地区人们之间重要的交际工具,它的重要性和权威性在社会上有广泛的认同,移民对学习普通话有较为普遍的认同。移民对学习当地话的重要性也有较清楚的认识,但由于已有普通话作为彼此沟通的桥梁,且受自身的学习能力的限制,移民对于当地话的学习意愿不如普通话高,其中较多的人对学习当地话持观望态度,根据我们的调查,对当地话缺少认同以及对母语的感情也影响了移民学习当地话的积极性。

(二)移民学习意愿的共时差异分析

1. 性别

表3—18　　　　　　　　对性别变量的方差分析表

	F	sig
普通话 * 性别	0.892	0.250
当地话 * 性别	0.393	0.531

从对性别变量的方差分析结果可以看出,不同性别的移民在学习普通话的意愿($sig = 0.250 > 0.05$)和学习当地话的意愿($sig = 0.531 > 0.05$)上没有明显差异,男性和女性在这方面的差别不大。

2. 年龄

不同年龄段的移民在学习普通话的意愿($sig = 0.000 < 0.05$)和学习当地话的意愿($sig = 0.000 < 0.05$)上存在明显差异。从均值报告表中可以看出,在学习普通话的意愿方面,随着年龄的增大,移民的均值不断降低。青年人的均值最高,为4.33,他们学习普通话的意愿最强烈;其次

是中年人，均值为 3.98，比青年人略低；最少的是老年人，均值为 3.25。在青年人中，有 86% 的人表示愿意或非常愿意学习普通话，持反对态度的为零。在 300 位中年人中，有 80% 的人对学习普通话持支持态度，另有 5% 的人表示不太愿意学习普通话。而在老年人中，对学习普通话持支持态度的降至 43%，而持反对态度的增至 21%，另有 37% 的老年人对此持中立态度。

表 3—19　　　　　　　按年龄分组的均值比较报告表

年龄		普通话	当地话
青年	均值	4.33	4.19
	样本量	97	97
	标准差	0.703	0.795
中年	均值	3.98	3.65
	样本量	300	300
	标准差	0.760	0.893
老年	均值	3.25	2.99
	样本量	106	106
	标准差	0.926	0.910
总数	均值	3.89	3.61
	样本量	503	503
	标准差	0.863	0.957

就移民学习当地话的意愿来看，青年人的态度最积极，其均值为 4.19；老年人的态度最消极，均值为 2.99；中年人则处在老年人和青年人之间。青年人中，76% 的人对学习当地话持正面态度，其他人均持中立态度，另外，没有青年人表示不愿意学习当地话。而中年人中则有 8% 的人持反对意见，但仍有 55% 的人表示愿意学习当地话。老年人中对学习当地话更多的是持中立态度，占 52%，同时反对的比例也扩大到 21%。

从上面的分析中可以看出：一方面，从青年人到中年人再到老年人，随着年龄的增加，移民无论是学习普通话的意愿还是学习当地话的意愿都呈下降趋势。青年人对于学习普通话和当地话都有较高的热情，97 位青年人中持反对意见的为零,但从中年人到青年人,持负面态度的人逐渐增加。另一方面,无论是青年人还是老年人和中年人,他们学习普通话的主动性都要高于学习当地话的积极性。从均值的比较来看,三个年龄段学习普通话的均值都要比学习当地话的均值要高。就老年人而言,他们在学习普通话上持中立态度的仅有36%,而到了当地话则增加到52%,这一方面是因为老年人的本身的语言学习能力不如中年人和青年人;另一方面,老年人保守的语言态度,使得他们对于外来方言持比较排斥的态度。

3. 迁入时间

表3—20　　　　　　　对迁入时间变量的方差分析表

	F	sig
普通话＊迁入时间	0.209	0.812
当地话＊迁入时间	3.579	0.029

从对迁入时间变量的方差分析结果可以看出,不同时间迁入的移民在学习普通话的意愿(sig=0.812>0.05)上没有明显差异。而在学习当地话的意愿上(sig=0.029<0.05)存在明显差异。迁居时间较长的移民比时间短的移民对当地话的学习更积极,2004年迁入的移民在学习当地话问题上的均值为3.49,均低于2001年和2002年。2004年迁入的移民中,51%的人对学习当地话持中立态度,而其他两批迁入的移民中,均有五成以上的人对学习当地话持正面态度。2004年迁入的移民,由于在安置地居住的时间相对较短,对于新的生活仍在适应过程中,融入当地生活仍需时间,在语言上,对于当地话从陌生到熟悉,从排斥到接受也需要时间。

4. 文化程度

表3—21　　　　　　　按文化程度分组的均值比较报告表

文化程度		普通话	当地话
文盲	均值	2.98	2.73
	样本量	41	41
	标准差	0.880	0.672

续表

文化程度		普通话	当地话
小学	均值	3.78	3.39
	样本量	193	193
	标准差	0.870	0.912
初中	均值	4.08	3.92
	样本量	199	199
	标准差	0.738	0.912
高中及以上	均值	4.41	3.87
	样本量	70	70
	标准差	0.551	0.867
总数	均值	3.92	3.61
	样本量	503	503
	标准差	0.856	0.957

不同文化程度的移民在学习普通话的意愿（sig = 0.012 < 0.05）和学习当地话的意愿（sig = 0.009 < 0.05）上存在明显差异。随着文化水平的提高，移民对于学习普通话和当地话的积极性在不断提高。在学习普通话方面，文化程度为文盲的移民的学习意愿最低，均值为 2.98。随着文化程度的提高，均值也逐渐增加，其中高中及以上文化程度的均值最高，为 4.41。97%的高中及以上文化程度的人对学习普通话持正面态度，只有 3%的人对此持中立态度；而初中和小学学历的人对学习普通话持支持态度的，分别为 84%和 71%；而文化程度为文盲的人对学习普通话持中立态度，占 46%，持反对态度的比重最大，为 27%。

在学习当地话方面，文化程度为文盲的移民的均值为 2.73，在四类当中最低；小学程度的均值略高，为 3.39；初中和高中程度的均值分别为 3.92 和 3.87，他们对于学习当地话大多持正面态度。具体来看，文化程度为文盲的移民中，有 78%的人对于学习当地话大多持无所谓态度；持负面态度的为 20%；而持正面态度的只有 2%。而小学文化程度的移民，持支持态度的增加到 46%。在初中文化程度的移民中，表示愿意或非常愿意学习当地话的增加到 69%。文化程度为高中及以上水平的，持反对意见的为零，表示支持的为 55%，比初中水平略低。

随着文化程度的提高，移民对学习普通话和当地话持正面态度的人也越来越多，而且在上述四类文化程度的移民中，对学习普通话持正面态度的人普遍要高于对学习当地话持正面态度的。高中及以上的移民表示愿意和非常愿意学习普通话的比例高达97%，比初中高出13个百分点。但在学习当地话方面却比初中低14个百分点。由此可见，高中及以上学历的移民对于普通话的推崇和认同远高于对当地话的认同。

5. 职业

表 3—22　　　　　　　　按职业分组的均值比较报告表

职业		普通话	当地话
务农	均值	3.64	3.33
	样本量	298	298
	标准差	0.896	0.929
个体经营	均值	4.27	3.94
	样本量	171	171
	标准差	0.602	0.841
学生	均值	4.59	4.44
	样本量	34	34
	标准差	0.500	0.746
总数	均值	3.92	3.61
	样本量	503	503
	标准差	0.856	0.957

不同职业的移民在学习普通话的意愿（sig＝0.002＜0.05）和学习当地话的意愿（sig＝0.001＜0.05）上存在明显差异。在学习普通话方面，从事农业劳动的移民的均值最低，为3.64；从事个体经营的均值为4.27；学生的均值最高为4.59。298位务农的移民中，对学习普通话持正面态度的为63%；在从事个体经营的移民中，持正面态度的则增至93%；而学生中，对学习普通话持支持态度的为100%。在学习当地话的意愿方面，务农的移民均值最低，为3.33；而学生的均值最高为4.44。务农的移民中只有41%的人对学习当地话持正面态度；从事个体经营的人中则有

69%；而学生则增加至 85%。同时随着社会分工层次的提高，对学习当地话持反对意见的在逐渐降低，在务农的移民中占 14%，学生则无一人持负面态度。由此可见，一方面，越是处在社会分工底层的移民，对学习普通话和当地话的意愿越小，而越是处于社会分工上层的移民对母语以外的语言学习愿望越强烈；另一方面，无论是从事农业生产还是从事个体经营或者从学，他们学习普通话的意愿均高于学习当地话。

以上我们从性别、年龄、迁入时间、文化程度和职业五个社会变量对移民的语言学习意愿进行分析。结果显示，年龄、文化程度和职业对移民的语言学习意愿有明显的影响。随着年龄的降低、文化程度的提高以及社会分工层次的提升，移民对非母语语言的学习积极性呈逐渐提高趋势。就年龄来看，老年人的学习能力远不如中年人和青年人，而且他们的生活范围固定，母语基本可以满足日常的生活需要，而中年人和青年人，他们正处在攀登社会阶梯的过程中，对于移民的身份来讲，普通话和当地话是他们学业和事业的重要工具，是攀登社会阶梯的重要助力。从文化程度来看，受教育程度越高，时间越长，思想就越开放，对于非母语语言的接受更容易，同时，长时间的学校教育使得他们对于普通话的认同度更高。在很多场合使用普通话已经成为人们的共识，越是处在社会分工上层的人，对普通话的需求就越强烈，而且他们的接触范围要比在社会分工底层的人要广阔，对于母语以外的语言的需求也相应增多。年龄、文化程度和职业之间也存在相互联系，通常年龄越小，相应的文化程度也越高，从事的职业也处在社会分工的上层，对于学习普通话和当地话持正面态度的越多。

二 三峡移民对子女的语言学习期望

（一）对子女的语言学习期望现状

表 3—23　　移民对子女的语言学习期望频次表（样本量 = 503）

态度	普通话		当地话	
	频率	百分比	频率	百分比
很不愿意	0	0	0	0
不愿意	0	0	12	2.4

续表

态度	普通话		当地话	
	频率	百分比	频率	百分比
无所谓	31	6.2	104	20.7
愿意	319	63.4	228	45.3
非常愿意	153	30.4	159	31.6
总数	503	100.0	503	100.0

从表 3—23 可以看出，在我们调查的移民当中，没有人对子女学习普通话持负面态度，持中立态度的也仅占 6.2%，而 93.8% 的移民表示愿意或非常愿意自己的子女学习普通话。就学习当地话而言，移民中表示很不愿意自己的子女学习当地话的为零，另有 2.4% 的人持负面态度，持中立态度的为 20.7%，剩下 76.9% 的人对子女学习当地话持支持态度，比学习普通话低 16.9 个百分点。由此可以看出，一方面，移民为了子女的未来发展考虑，为了让他们更好地融入当地生活，在整体上移民对子女的非母语的语言学习持积极态度；另一方面，普通话的社会声望要远高于安置地的方言，所以移民对子女学习普通话的支持程度要略高于对学习当地话的支持程度。

（二）移民对子女的语言学习期望的共时差异

1. 性别

表 3—24　　　　　　　　对性别变量的方差分析

	F	sig
普通话 * 性别	10.856	0.001
当地话 * 性别	0.002	0.962

从表 3—24 中可以看出，不同性别的移民在子女学习普通话的态度（sig = 0.001 < 0.05）上存在差异，而在子女学习当地话的态度（sig = 0.962 > 0.05）上没有明显差异。男性在子女学习普通话的态度上的均值是 4.17，而女性的均值是 4.33，女性比男性更愿意子女学习普通话。造成这种差异的主要原因是，女性对于标准语的热衷程度要高于男性，在目前的中国农村，抚养和教育子女是女性的重要职责，而女性的这种语言态

度，使得她们在教育子女时更愿意子女学习普通话，母亲的这种倾向会对未来子女的语言选择和语言态度造成影响。

2. 年龄

表 3—25　　　　　　　　按年龄分组的均值比较报告表

年龄		普通话	当地话
青年	均值	4.42	4.40
	样本量	97	97
	标准差	0.537	0.799
中年	均值	4.21	4.01
	样本量	300	300
	标准差	0.562	0.780
老年	均值	4.16	3.91
	样本量	106	106
	标准差	0.519	0.697
总数	均值	4.24	4.06
	样本量	503	503
	标准差	0.555	0.785

根据我们的分析，不同年龄的移民在子女学习普通话的态度（sig = 0.001 < 0.05）和子女学习当地话的态度（sig = 0.000 < 0.05）上存在明显差异。从均值报告表中可以看出，青年人、中年人和老年人在子女学习普通话的态度上的均值都比较高，他们对此都普遍持正面态度。其中青年人的均值最高，为 4.42，老年人的均值最低，为 4.16。在青年人中，98%的人表示愿意或非常愿意自己的子女学说普通话，老年人中也有93%的人持此态度，仅比青年人低五个百分点，老年人、中年人和青年人中，均没有对子女学习普通话持负面态度的现象。在学习当地话方面，青年人的均值最高为 4.40，中年人的均值为 4.01，老年人的均值最低，为 3.91。85%的青年人对子女学习当地话持支持态度，而表示不太愿意的仅为 2%；虽然 73%的中年人持正面态度，但是持中立态度的比例有较大的上升，占到 25%，比青年人和老年人在该项上的比重要多。老年人中表示不太愿

意子女学习当地话的比例略有上升，为5%。由此可见，虽然三个年龄段的人整体上都对子女学习普通话和当地话持支持态度，但是仍然存在差异：青年人的支持程度最高，而老年人的支持程度最低。移民对子女学习普通话没有持负面态度的，而对子女学当地话则存在一些负面态度，且随着年龄的增大，比例略有上升，从这些都可以看出移民对于普通话和当地话在态度上的差异。

3. 迁入时间

表3—26　　　　　　　对迁入时间变量的方差分析

	F	sig
普通话＊迁入时间	0.800	0.450
当地话＊迁入时间	4.461	0.012

从对迁入时间变量的方差分析结果可以看出，不同的迁入时间在子女学习普通话的期望（sig＝0.450＞0.05）上没有明显差异，而在子女学习当地话的期望（sig＝0.012＜0.05）上有明显差别。但总体来说，三批移民在这些方面差异并不明显。

4. 文化程度

表3—27　　　　　　　对文化程度变量的方差分析

	F	sig
普通话＊文化程度	2.522	0.057
当地话＊文化程度	2.786	0.040

根据方差分析，不同文化程度的移民在子女学习普通话的期望（sig＝0.057＞0.05）上没有明显差异，而在子女学习当地话的期望（sig＝0.040＜0.05）上存在明显差异，但总体来说，移民在这方面差异并不明显。

5. 职业

表3—28　　　　　　　按职业分组的均值比较报告表

职业		普通话	当地话
务农	均值	4.16	3.94
	样本量	298	298
	标准差	0.547	0.774

续表

职业		普通话	当地话
个体经营	均值	4.34	4.18
	样本量	171	171
	标准差	0.555	0.780
学生	均值	4.44	4.50
	样本量	34	34
	标准差	0.504	0.663
总数	均值	4.24	4.06
	样本量	503	503
	标准差	0.555	0.785

不同职业的移民在子女学习普通话的态度（sig = 0.000 < 0.05）和子女学习当地话的态度（sig = 0.000 < 0.05）上存在明显差异。从均值报告表中可以看出，一方面，不同职业的移民在子女学习普通话和当地话的态度上都是很积极的；另一方面，从务农到个体经营再到从学，随着社会分工层次的逐渐提高，移民在子女学习普通话和当地话上的均值不断提高。在子女学习普通话的问题上，务农的移民中除了8%的人持中立态度外，其他92%的人均持正面态度；从事个体经营的人中，持中立态度的人减少到4%；学生中持赞成态度的为100%。在子女学习当地话的问题上，务农的移民有3%持反对意见，23%的人持中立态度；从事个体经营的移民持反对和中立态度的都略有减少，分别为1%和19%；而在从学的人中，持负面态度的为零，91%的人持支持态度。

以上我们从性别、年龄、迁入时间、文化程度和职业五个社会变量就移民对其子女的语言学习态度进行分析。结果显示，不同的年龄和职业的移民在其子女的语言学习态度上有明显的差异。移民在总体上对于子女学习母语以外的语言持支持态度，且随着年龄层的降低、社会分工层次的提高，呈上升趋势。但移民在面对普通话和当地话的态度上，存在一定的差异。不同年龄层、不同职业都不存在对子女学习普通话持负面态度的情况，但有一定比例的移民表示不太愿意子女学习当地话。

第四节 三峡移民的语言主观评价

我们分别从情感、地位和适用三个方面就三峡移民对普通话、重庆话和当地话的主观评价进行调查。在问卷中我们分别用"好听""文雅""用处多"为标尺，用完全反对、反对、不确定、同意、完全同意五级刻度来测量情感评价、地位评价和适用评价。

一 情感评价及共时差异分析

表3—29 三峡移民语言情感评价表

	普通话		重庆话		当地话	
	频率	百分比	频率	百分比	频率	百分比
完全反对	0	0	12	2.4	181	36.0
反对	3	.6	41	8.2	266	52.9
不确定	182	36.2	245	48.7	32	6.4
同意	191	38.0	139	27.6	17	3.4
完全同意	127	25.2	66	13.1	7	1.4
总数	503	100.0	503	100.0	503	100.0

从表3—29可以看出，在我们所调查的移民中，认为普通话不好听的只占0.6%，63.2%的移民认为普通话好听。移民中认为重庆话不好听的略有增加，占10.6%；持不确定态度的人，占总数的48.7%；另有40.7%的人认为重庆话好听。对于当地话，88.9%的移民认为当地话不好听，只有4.8%的人认为当地话好听。由此可见，在情感上，移民对普通话的评价最高，对自己的母语的情感评价略低，而对当地话的负面评价最大。

不同的移民在情感评价上存在共时差异，具体分析如下：

（一）性别

从我们对性别变量的方差分析可以看出，不同性别的移民在对普通话的情感评价（sig=0.682＞0.05）、对重庆话的情感评价（sig=0.779＞0.05）和对当地话的情感评价（sig=0.680＞0.05）上没有明显差异。

表 3—30　　　　　　　　　对性别变量的方差分析表

	F	sig
普通话 * 性别	0.168	0.682
重庆话 * 性别	0.079	0.779
当地话 * 性别	0.171	0.680

（二）年龄

表 3—31　　　　　　　　按年龄分组的均值比较报告表

年龄		普通话	重庆话	当地话
青年人	均值	4.07	2.92	2.44
	样本量	97	97	97
	标准差	0.927	0.986	1.010
中年人	均值	3.71	3.56	1.78
	样本量	300	300	300
	标准差	0.796	0.921	0.677
老年人	均值	4.17	3.42	1.32
	样本量	106	106	106
	标准差	0.447	0.534	0.508
总数	均值	3.88	3.41	1.81
	样本量	503	503	503
	标准差	0.790	0.901	0.806

不同年龄段的移民在对普通话的情感评价（sig=0.000<0.05）、对重庆话的情感评价（sig=0.000<0.05）和对当地话的情感评价（sig=0.000<0.05）上存在明显差异。在对普通话的情感评价上，青年人和老年人的均值都较高，分别为4.07和4.17。99%的老年人和60%的青年人认为普通话好听。而对于重庆话的评价，青年人的均值最低，为2.92；中年人最高，为3.56，比老年人高0.14。在青年人中，49%的人认为重庆话既不好听也不难听，持中立态度，持正面态度和持负面态度的比例分别为22%和28%。认为重庆话不好听的中年人的比重有较大下降，为8%，认为重庆话好听的

中年人的比重增加到46%。而老年人持负面态度的只占1%,持中立态度的增加到57%。移民对当地话的情感评价均值都较小,并随着年龄的提高呈下降趋势,青年人的均值为2.44;老年人的均值最低,为1.32。青年人中认为当地话不好听的占72%,而老年人则增加到98%。持正面态度的比例也从16%减少到零。由此可见,老年人、中年人和青年人对普通话的情感评价整体较高,均有超过半数的人持正面态度。对于自己母语的情感评价相对较低,持正面态度的比重仅为41%,而49%的移民持中立态度。移民对于当地话的情感评价最低,89%的移民对它持负面态度。

(三)迁入时间

表3—32　　　　按迁入时间分组的均值比较报告表

迁入时间		普通话	重庆话	当地话
2001年	均值	3.89	3.32	1.92
	样本量	215	215	215
	标准差	0.824	0.888	0.855
2002年	均值	4.08	3.27	1.84
	样本量	119	119	119
	标准差	0.772	0.870	0.823
2004年	均值	3.73	3.62	1.66
	样本量	169	169	169
	标准差	0.730	0.906	0.706
总数	均值	3.88	3.41	1.81
	样本量	503	503	503
	标准差	0.790	0.901	0.806

不同时间迁入的移民在对普通话的情感评价(sig=0.001<0.05)、对重庆话的情感评价(sig=0.001<0.05)和对当地话的情感评价(sig=0.008<0.05)上存在明显差异。在普通话的情感评价上,2004年迁入的移民的均值最低,为3.73,其中57%的移民表示普通话好听,分别比2001年和2002年迁入的移民低5个百分点和17个百分点。在重庆话的评价上,越晚迁入的移民均值越高,2002年迁入的移民均值最低,为3.27,

而2004年的均值最高,为3.62,其中51%的移民认为重庆话好听,而2002年只有33%的移民持正面态度。另外,从2001年的14%到2002年的11%再到2004年的5%,越晚迁入的移民对重庆话持负面态度得越少,越早迁入的移民对重庆话持负面态度的越多。而对当地话的评价,虽然当地话的均值总体不高,但第一批迁入的移民的均值要高于其他两批,而最后一批迁入的移民的均值最低。2001年迁入的移民中,85%的人认为当地话不好听,比2002年和2004年分别少3个和10个百分点。

从上面的分析可以看出,最后一批迁入的移民在对普通话、重庆话和当地话的情感评价上均与前两批有明显差距,他们对重庆话和普通话的评价是最低的,而对于自己母语的评价最高。

(四) 文化程度

表 3—33　　　　　　对文化程度变量的方差分析表

	F	sig
普通话 * 文化程度	1.852	0.137
重庆话 * 文化程度	1.449	0.228
当地话 * 文化程度	15.847	0.000

从表3—33可以看出,不同文化程度的移民在对普通话的情感评价(sig = 0.137 > 0.05)、对重庆话的情感评价(sig = 0.228 > 0.05)上没有明显差异,而在对当地话的情感评价(sig = 0.008 < 0.05)上存在明显差异。初中文化程度的移民的均值最高,为2.08;其次是高中及以上文化程度的,均值为1.89;文化程度为文盲的移民的均值最低,为1.49。所以,总体来看,文化程度越高的移民对于当地话的情感评价越高。但总体来看,不同的文化程度在移民的语言情感评价上不存在明显差异。

(五) 职业

表 3—34　　　　　　按职业分组的均值比较报告表

职业		普通话	重庆话	当地话
务农	均值	3.82	3.59	1.59
	样本量	298	298	298
	标准差	0.742	0.757	0.586

续表

职业		普通话	重庆话	当地话
个体经营	均值	3.89	3.27	2.04
	样本量	171	171	171
	标准差	0.848	1.022	0.932
学生	均值	4.29	2.53	2.62
	样本量	34	34	34
	标准差	0.799	0.788	0.985
总数	均值	3.88	3.41	1.81
	样本量	503	503	503
	标准差	0.790	0.901	0.806

不同职业的移民在对普通话的情感评价（sig = 0.004 < 0.05）、对重庆话的情感评价（sig = 0.000 < 0.05）和对当地话的情感评价（sig = 0.000 < 0.05）上存在明显差异。从均值报告表中可以看到，务农的移民的均值最低，为3.82；学生的均值最高，为4.29。随着社会分工层次的逐渐提高，移民当中认为普通话好听的人的比重逐渐增多。务农的移民中认为普通话好听的占64%；而学生中持相同态度的增加到79%。就重庆话来看，务农的均值最高，为3.59；个体经营的均值为3.27；学生的均值最低，为2.53，随着社会分工层次的提高，移民中认为重庆话好听的比例逐渐提高。298位务农的人中有50%的人认为重庆话好听，从事个体经营的人中32%的人认为重庆话好听，而学生中持此态度的仅为3%。移民对于当地话的情感评价与重庆话相反，从务农到个体经营再到从学，均值呈逐渐上升态势。务农的移民对当地话的评价最低，均值仅为1.59，与个体经营和从学的均值差分别为0.45和1.03。95%的务农移民认为当地话不好听，并且没有一名务农移民表示当地话好听，而学生中对当地话持负面态度的减少到65%，持正面态度的增加到18%。

以上我们从性别、年龄、迁入时间、文化程度和职业五个社会变量就移民对普通话、重庆话和当地话的情感评价进行分析。从结果来看，不同的年龄、迁入时间和职业对移民的语言情感评价有明显影响，并且移民对于普通话的情感评价最高,其次是重庆话,对当地话的情感评价最低。就年龄来看,随着年龄段的降低,移民对普通话和重庆话的评价略有降低,而对当地话的评价相反,呈上升趋势。就迁入时间而言,最晚迁入的移民对普通话和当地话的评价都要低于较早迁入的移民,而对重庆话的评价则要高于较早迁入的移民。就职业来看,随着社会分工层次的提高,移民对普通话和当地话的评价不断提高,而对于重庆话的评价则相应地下降了。

二 地位评价及共时差异分析

表 3—35　　　　　　　　三峡移民的语言地位评价表

	普通话		重庆话		当地话	
	频率	百分比	频率	百分比	频率	百分比
完全反对	6	1.2	21	4.2	141	28.0
反对	15	3.0	71	14.1	249	49.5
不确定	78	15.5	341	67.8	84	16.7
同意	200	39.8	45	8.9	20	4.0
完全同意	204	40.6	25	5.0	9	1.8
总数	503	100.0	503	100.0	503	100.0

从表 3—35 可以看出,80.4% 的移民认为普通话文雅,而持反对意见的只占 4.2%。在移民心中,普通话的地位是很高的。对于自己的母语,67.8% 的持中立态度,认为重庆话文雅的只占 13.9%,持负面态度的也占有一定的比例,为 18.3%,可见移民对于自己母语的地位并不乐观。就当地话而言,大多数移民认为当地话不文雅,所占比例为 77.5%;持正面态度的只有 5.8%。由此可见,在移民心中,普通话的地位最高,其次是重庆话,再次是当地话。

不同的移民在地位评价上存在共时差异,具体分析如下:

(一) 性别

从我们对性别变量的方差分析可以看出,不同性别的移民在对重庆话的情感评价（sig = 0.779 > 0.05）和对当地话的情感评价（sig = 0.680 >

0.05）上没有明显差异。而对普通话的地位评价（sig = 0.000 < 0.05）上，不同性别存在明显差异，男性的均值为 4.00，而女性则为 4.33，女性对普通话的地位评价要高于男性。

表 3—36　　　　　　　对性别变量的方差分析表

	F	sig
普通话 * 性别	17.904	0.000
重庆话 * 性别	5.755	0.017
当地话 * 性别	1.667	0.197

（二）年龄

表 3—37　　　　　　按年龄分组的均值比较报告表

年龄		普通话	重庆话	当地话
青年人	均值	4.54	2.71	2.37
	样本量	97	97	97
	标准差	0.723	0.829	0.795
中年人	均值	4.21	2.94	1.86
	样本量	300	300	300
	标准差	0.703	0.754	0.797
老年人	均值	3.65	3.27	2.15
	样本量	106	106	106
	标准差	1.171	0.670	1.040
总数	均值	4.16	2.96	2.02
	样本量	503	503	503
	标准差	0.874	0.772	0.877

不同年龄段的移民在对普通话的地位评价（sig = 0.000 < 0.05）、对重庆话的地位评价（sig = 0.000 < 0.05）和对当地话的地位评价（sig = 0.000 < 0.05）上存在明显差异。在老年人、中年人和青年人中普通话都占有较高地位，其中青年人的均值最高，为 4.54；中年人的均值比青年人略低；老年人的均值最低，为 3.65。87% 的青年人认

为普通话文雅,而老年人则减少到51%。同时,认为普通话不文雅的比例也随着年龄段的提高,从零增加到14%。就重庆话而言,移民对其母语的地位评价比对普通话的评价要低,其中青年人的均值最低,为2.71;随着年龄段的提高,他们的均值也相应提高,老年人的均值最高,为3.27。106位老年人中,29%的人认为重庆话文雅,而青年人中持相同态度的减少到9%。在移民心中,当地话的地位最低,青年人的均值最高;而中年人的均值最低。82%的中年人认为当地话不文雅,比青年人和老年人分别多18个和3个百分点。

(三) 迁入时间

表3—38　　　　　　　对迁入时间变量的方差分析表

	F	sig
普通话*迁入时间	0.574	0.564
重庆话*迁入时间	4.497	0.012
当地话*迁入时间	2.618	0.074

从我们对迁入时间的方差分析可以看出,不同时间迁入的移民在对普通话的地位评价(sig＝0.564＞0.05)和对当地话的地位评价(sig＝0.074＞0.05)上没有明显差异。而不同的迁入时间的移民对重庆话的地位评价(sig＝0.012＜0.05)存在明显差异。但总体来看,先后三批迁入的移民在语言的地位评价方面的差异不显著。

(四) 文化程度

表3—39　　　　　按文化程度分组的均值比较报告表

文化程度		普通话	重庆话	当地话
文盲	均值	3.15	3.66	2.17
	样本量	41	41	41
	标准差	1.108	0.728	1.202
小学	均值	4.12	3.08	1.97
	样本量	193	193	193
	标准差	0.891	0.770	0.793

续表

文化程度		普通话	重庆话	当地话
初中	均值	4.31	2.78	2.02
	样本量	199	199	199
	标准差	0.706	0.704	0.940
高中及以上	均值	4.40	2.77	2.07
	样本量	70	70	70
	标准差	0.689	0.705	0.666
总数	均值	4.16	2.96	2.02
	样本量	503	503	503
	标准差	0.874	0.772	0.877

不同文化程度的移民在对当地话的地位评价（sig=0.576>0.05）上没有明显差异，而在对普通话的地位评价（sig=0.000<0.05）、对重庆话的地位评价（sig=0.001<0.05）上存在明显差异。从上面的均值报告表中可以看出，就普通话而言，文盲的均值最低，为3.15；随着文化程度的提高，均值逐渐增大，高中及以上文化程度的移民的均值最高，为4.40。在文化程度为文盲的移民中，仅有27%的人认为普通话文雅，而51%的人持中立态度。小学学历和初中学历的人中认为普通话文雅的比例逐渐增加，分别为77%和89%；而高中及以上学历的人中持相同态度的则为95%。重庆话则与普通话相反，随着文化程度的提高，均值呈下降趋势，文盲的均值最高为3.66，高中及以上的均值最低，为2.77。71%的高中及以上学历的人对重庆话是否文雅持中立态度，只有5%的人持正面态度；52%的文盲认为重庆话文雅。由此可见，随着文化程度的提高，移民对普通话和重庆话的地位评价呈相反趋势，对普通话的地位评价与文化程度成正比，对重庆话的地位评价与文化程度成反比。

（五）职业

不同职业的移民在对普通话的地位评价（sig=0.000<0.05）、对重庆话的地位评价（sig=0.000<0.05）和对当地话的地位评价（sig=0.001<0.05）上存在明显差异。不同职业的移民对于普通话的评价整体较高，其中务农的移民均值最低，为4.00，学生的均值最高，为4.74。

73%的务农移民认为普通话文雅,认为普通话文雅的学生为100%。就重庆话而言,随着社会分工层次的提高,他们对于重庆话的地位评价在降低,务农的移民均值最高,比从事个体经营和从学的分别高0.39和0.7。70%的务农移民对于重庆话是否文雅持中立态度,而另有10%的人认为重庆话不文雅;而从事个体经营的移民中持负面态度的则增加到27%;从学的移民中认为重庆话不文雅的比例最大,为44%,而持正面态度的为零。不同职业的移民对当地话的地位评价总体不高,务农的均值最低,仅为1.92;从事个体经营的均值略高;学生的均值最高,为2.41。在务农的移民中有85%的人认为当地话不文雅,而学生中持相同态度的降为56%。

表3—40　　　　　　　　按职业分组的均值比较报告表

职业		普通话	重庆话	当地话
务农	均值	4.00	3.14	1.92
	样本量	298	298	298
	标准差	0.936	0.758	0.847
个体经营	均值	4.31	2.75	2.12
	样本量	171	171	171
	标准差	0.746	0.710	0.947
学生	均值	4.74	2.44	2.41
	样本量	34	34	34
	标准差	0.448	0.705	0.557
总数	均值	4.16	2.96	2.02
	样本量	503	503	503
	标准差	0.874	0.772	0.877

在普通话、重庆话和当地话的地位评价方面,年龄、文化程度和职业对它们有显著影响。年龄层越低,对于普通话和当地话的地位评价越高,对于重庆话的评价越低。不同的文化程度对普通话和重庆话的地位评价有显著影响,随着文化程度的提高,移民对普通话的地位评价逐渐上升,而对重庆话的评价逐渐下降。就职业而言,社会分工的层次与移民对普通话

和当地话的地位评价成正比，与对重庆话的地位评价成反比。总的来说，在移民心中，普通话的地位明显高于重庆话和当地话。

三 适用性评价及共时差异分析

表 3—41　　　　　　　　三峡移民语言的适用性评价表

	普通话		重庆话		当地话	
	频率	百分比	频率	百分比	频率	百分比
完全反对	0	0	56	11.1	106	21.1
反对	19	3.8	144	28.6	178	35.4
不确定	188	37.4	167	33.2	148	29.4
同意	172	34.2	51	10.1	47	9.3
完全同意	124	24.7	85	16.9	24	4.8
总数	503	100.0	503	100.0	503	100.0

从统计结果可以看出，在我们所调查的移民中，58.9%的人认为普通话用处多，只有3.8%的人持反对态度。认为重庆话用处多的人只占27%，而持负面态度的人最多，为39.7%。就当地话而言，56.5%的人认为当地话用处不多，持正面态度的仅为14.1%。由此可见，在移民心中，普通话的用处最大，其次是重庆话，最后是当地话。虽然实际上在安置地，当地话的使用机会要明显高于重庆话，但从移民的这种选择我们也可以看出，他们的生活范围更多还是局限于移民内部，移民之间当然以使用重庆话为主，而移民与当地人的交流则主要借助于普通话，所以使用当地话的机会也会相应减少。

不同的移民在适用性评价上存在共时差异，具体分析如下：

（一）性别

表 3—42　　　　　　　　对性别变量的方差分析表

	F	sig
普通话 * 性别	7.161	0.008
重庆话 * 性别	0.239	0.625
当地话 * 性别	3.337	0.068

从我们对性别变量的方差分析可以看出，不同性别的移民在对重庆话的适用性评价（sig = 0.625 > 0.05）和对当地话的适用性评价（sig = 0.068 > 0.05）上没有明显差异。而在对普通话的适用性评价（sig = 0.008 < 0.05）上，不同性别存在明显差异，男性的均值为 3.70，而女性的均值为 3.91。女性与男性相比，更倾向于认为普通话的用处多。

（二）年龄

表 3—43　　　　　　　　按年龄分组的均值比较报告表

年龄		普通话	重庆话	当地话
青年	均值	4.12	2.42	2.86
	样本量	97	97	97
	标准差	0.949	1.144	1.099
中年	均值	3.85	2.73	2.48
	样本量	300	300	300
	标准差	0.779	1.081	1.039
老年	均值	3.34	3.96	1.83
	样本量	106	106	106
	标准差	0.791	1.121	0.856
总数	均值	3.80	2.93	2.41
	样本量	503	503	503
	标准差	0.855	1.228	1.067

不同年龄段的移民在对普通话的适用性评价（sig = 0.000 < 0.05）、对重庆话的适用性评价（sig = 0.000 < 0.05）和对当地话的适用性评价（sig = 0.000 < 0.05）上存在明显差异。不同年龄段的移民对于普通话的适用性都有较高的评价，其中青年人的均值最高，为 4.12，其次是中年人，老年人的均值最低，为 3.34，青年人中 64% 的人认为普通话的用处多，而老年人则略有降低，只有 49% 持相同态度。就重庆话而言，随着年龄层的降低，他们的均值逐渐降低，移民对重庆话的适用性评价逐渐降低，老年人中认为重庆话用处多的占 58%，中年人则只有 21%，青年人中持相同态度的最少，为 13%。相反，从老年人到青年人，对重庆话的

用处持负面态度的则从11%增加到63%,不同年龄层的移民对于当地话的用处的评价整体不高,并随着年龄层的提高呈下降趋势,老年人的均值最低,与中年人和青年人的均值差分别为0.38和1.03,青年人中认为当地话用处不大的占35%,认为当地话有用的占21%,而老年人中对当地话持负面态度的占76%,持正面态度的仅有3%。

(三) 迁入时间

表3—44　　　　　　对迁入时间变量的方差分析

	F	sig
普通话*迁入时间	1.188	0.306
重庆话*迁入时间	3.498	0.031
当地话*迁入时间	2.095	0.124

从我们对迁入时间变量的方差分析可以看出,不同的迁入时间的移民在对普通话的适用性评价（sig=0.306>0.05)和对当地话的适用性评价（sig=0.124>0.05)上没有明显差异。但在重庆话的适用性评价（sig=0.031<0.05）上有明显差异,2004年迁入的移民的均值为3.02,比前两批迁入的移民的均值高,因此在对重庆话的适用性评价上,2004年迁入的移民评价最高。

(四) 文化程度

表3—45　　　　　按文化程度分组的均值比较报告表

文化程度		普通话	重庆话	当地话
文盲	均值	2.80	4.61	2.10
	样本量	41	41	41
	标准差	0.641	0.862	0.860
小学	均值	3.67	3.23	2.12
	样本量	193	193	193
	标准差	0.766	1.132	1.043
初中	均值	4.00	2.49	2.65
	样本量	199	199	199
	标准差	0.804	1.072	1.038

续表

文化程度		普通话	重庆话	当地话
高中及以上	均值	4.16	2.39	2.73
	样本量	70	70	70
	标准差	0.845	0.937	1.089
总数	均值	3.80	2.93	2.41
	样本量	503	503	503
	标准差	0.855	1.228	1.067

不同文化程度的移民在对当地话的地位评价（sig = 0.576 > 0.05）上没有明显差异，而在对普通话的地位评价（sig = 0.000 < 0.05）和对重庆话的地位评价（sig = 0.001 < 0.05）上存在明显差异。就普通话而言，文盲的均值最低，为2.80，其中认为普通话用处多的人只占7%，而持中立和负面态度的分别为63%和29%。随着文化程度的提高，普通话的均值逐渐增加，高中及以上学历的均值最高，他们对普通话的用处持正面态度的比例增加到76%，持负面态度的只有1%。移民对重庆话的适用性评价随着文化程度的提高呈下降趋势，文盲的均值最高，为4.61，90%的人认为重庆话的用处多，持负面态度的仅为7%；小学学历和初中学历中，认为重庆话用处多的分别降至36%和13%；高中及以上学历的均值最低，其中持正面态度的仅占5%，而持负面态度的则增加至54%。不同文化程度的移民对当地话的适用性评价整体不高，其均值随着文化程度的提高略有上升，高中及以上文化程度的均值最高，为2.73，其中20%的人认为当地话用处多，持相同态度的初中和小学学历移民的比例，分别为17%和11%；文化程度为文盲的移民中持正面态度的最少，仅有2%。

（五）职业

表3—46　　　　　　　按职业分组的均值比较报告表

职业		普通话	重庆话	当地话
务农	均值	3.70	3.26	2.13
	样本量	298	298	298
	标准差	0.850	1.224	0.967

续表

职业		普通话	重庆话	当地话
个体经营	均值	3.88	2.54	2.78
	样本量	171	171	171
	标准差	0.825	1.097	1.098
学生	均值	4.24	2.00	3.03
	样本量	34	34	34
	标准差	0.890	0.778	0.937
总数	均值	3.80	2.93	2.41
	样本量	503	503	503
	标准差	0.855	1.228	1.067

不同职业的移民在对普通话的适用性评价（sig=0.001<0.05）、对重庆话的适用性评价（sig=0.000<0.05）和对当地话的适用性评价（sig=0.000<0.05）上存在明显差异。不同职业的移民在普通话的适用性评价上，均值整体较高，其中务农的移民的均值最低，为3.70；学生的均值最高，为4.24。务农的移民中认为普通话用处多的占55%，而学生中持相同态度的达到71%。移民对于重庆话的适用性评价随着社会分工层次的提高而呈下降趋势，学生的均值最低，仅为2.00，学生中认为重庆话用处多的比重为零，而持负面态度的比重达到70%；务农的移民中持正面态度的最多，为36%，持负面态度的只有26%。移民对于当地话的适用性评价整体都很低，其中务农的移民的均值最低，为2.13，后面依次是从事个体经营的移民和从学的移民。务农的移民中认为当地话有用的仅占9%，而持负面态度的比重最大，为69%；从事个体经营的移民中，持正面态度的略有上升，为21%，持负面态度的略有下降；从学的移民中，持负面态度的仅占29%，比务农的移民下降了40个百分点，对当地话的用处持肯定态度的也增加到30%。另外，从横向比较来看，务农的移民对于普通话、重庆话和当地话的适用性评价从高到低的顺序是：普通话>重庆话>当地话，而其他两类职业的排列顺序则是：普通话>当地话>重庆话。

四 小结

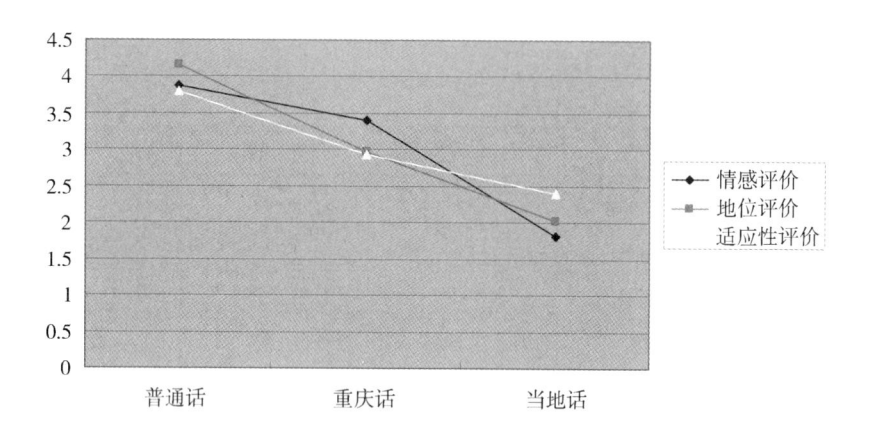

图 3—1 三峡移民的语言主观评价图

我们从情感、地位、适用性三方面就移民对普通话、重庆话和当地话的主观评价进行了研究。总体来看，在情感评价、地位评价、适用性评价方面，从高到低的排列顺序均为：普通话＞重庆话＞当地话。在情感评价方面，虽然移民对普通话的评价最高，但是移民对自己母语的评价也很高，两者差距较小，其均值差为 0.47；而当地话的均值则很低，只有 1.81，与普通话和重庆话的均值差分别为：2.07 和 1.6。在地位评价方面，移民对普通话的地位给予了最高的评价，为 4.16，而他们对重庆话和当地话的评价都很低，普通话与重庆话、当地话的均值差分别为 1.2 和 2.14，由此可见，普通话在移民心中占据了无可取代的地位。在适用性方面，普通话的均值为 3.80，而重庆话和当地话的均值分别为 2.93 和 2.41。普通话与重庆话和当地话的差异仍十分明显，但是它们之间的均值差分别为 0.87 和 1.09，比其在情感评价和地位评价上的差距缩小了，这说明移民对当地话的适用性评价提高了，他们对于当地话在用途的广泛性问题上给予了更多正面的肯定。从另一方面看，移民对于普通话的地位评价要高于其对普通话的情感评价和适用性评价，地位评价的均值为 4.16，而对普通话的适用性评价相比较而言最低，为 3.80。就重庆话而言，移民对它的情感评价最高，其次是地位评价，再次是适用性评价。情感评价与地位评价和适用性评价的均值差分别为 0.45 和 0.48。移民对当地话的适用性评价最高，均值为 2.41，其次是地位评价，再次是情感评价，均值分别为 2.02 和 1.81，移民对当地话的情感评价最低。

在性别、年龄、迁入时间、文化程度、职业五种社会变量中，对移民的情感评价有显著影响的因素有三个，分别是：年龄、迁入时间和职业。对地位评价和适用性评价有显著影响的则是：年龄、文化程度和职业。在影响情感评价的三个因素中，就年龄而言，老年人对普通话的评价最高，中年人对重庆话的评价最高，随着年龄段的提高，移民对当地话的评价呈下降趋势。迁入时间的长短、所处社会分工层次的高低均与移民对普通话和当地话情感评价成正比，与重庆话成反比。在影响地位评价和适用性评价的三个因素中，年龄段的高低与移民对普通话和当地话的地位和适用性评价成反比，与重庆话成正比；文化程度的高低、社会分工层次的高低与移民对普通话和当地话的地位和适用性评价成正比，与重庆话成反比。在地位评价方面，移民整体上对普通话持正面态度，对重庆话持中立态度，而对当地话持负面态度。在适用性评价方面，移民整体上对普通话持正面态度；对当地话持负面态度；而对重庆话的态度分布比较均衡，即持正面态度、负面态度和中立态度的差距较小。另外，虽然性别对移民的情感评价没有显著影响，但不同性别在对普通话的地位评价和适用性评价上，均显示出明显差异，女性对于普通话的地位评价和适用性评价均高于男性，由此可见，女性对于标准语的追捧要高于男性，而这种追捧更多的是出于普通话在社会上拥有较高的地位以及广泛的用途考虑。

第四章 三峡移民语言个案分析

家庭是社会的细胞，我们可以通过对家庭的观察来反映整个社会或某个特定群体的特性。在这一章当中，我们将以家庭为单位，从语言能力、语言态度等方面对三峡移民进行个案分析。

我们选取一家三代共四人，被调查者具体信息如下：

A1：男，71岁，户主之父，重庆云阳县移民，现居住在盐城市大丰县新丰镇，文盲，务农，2001年迁入。

A2：女，62岁，户主之母，现居住在盐城市大丰县新丰镇，文盲，务农，2001年迁入。

A3：男，41岁，户主，重庆云阳县移民，现居住在盐城市大丰县新丰镇，初中文化，务农为主，间或从事一些个体经营，2001年迁入。

A4：男，19岁，户主之子，重庆云阳县移民，现居住在盐城市大丰县新丰镇，中专文化程度，学生，2001年迁入。

第一节 家庭内部重庆方言的年龄变异

一 语音系统的年龄变异

重庆地处西南腹地，长江上游，有三千多年的历史，曾为巴国首府所在地，后改称江州、渝州、恭州。公元1189年，宋光宗赵惇在此封恭王，后登帝位，为纪念这"双重喜庆"，遂改恭州为"重庆"。本书中的重庆方言语音系统[①]以主城区方言为主。

---

① 钟维克：《重庆方言音系研究》，《重庆社会科学》2005年第6期。

(一) 重庆方言的语音系统

1. 重庆方言的声母

重庆方言有20个声母（包括零声母在内）：

[p] 布步别巴　　　　　[p'] 怕盘破皮
[m] 门模眯买　　　　　[f] 冯虎扶胡
[v] 午吴武雾　　　　　[t] 到道夺多
[t'] 太同土她　　　　　[l] 路男女怒
[k] 贵歌该街　　　　　[k'] 开哭科葵
[x] 化话贺喝　　　　　[ŋ] 岸硬额熬
[tɕ] 精经节酒　　　　　[tɕ'] 秋齐丘棋
[ɕ] 修休笑心　　　　　[ts] 知招主租
[ts'] 曹仓昌抄　　　　　[s] 散诗书色
[z] 认绕然若　　　　　[Ø] 言元衣羊

声母说明：

(1) 舌尖前音与舌尖后音不分，重庆方言没有[tʂ tʂ' ʂ]，只有舌尖前音[ts ts' s]。如：资=知。

(2) 舌尖中浊鼻音[n]与舌尖中浊边音[l]不分。重庆方言多读[l]。如：男、蓝、路、泥，声母都读[l]。

(3) 重庆方言有唇齿浊擦音[v]，在古疑母、影母、微母为声母，今读零声母的合口呼韵母（自成音节）前，往往有[v]声母。如：五、吴、危、屋等。

(4) 重庆方言有舌根浊鼻音[ŋ]。在古属疑母、影母，今读零声母的开口呼韵前，重庆方言往往要加上声母[ŋ]。如：欧、岸、恩、安、昂。

(5) 重庆方言在古晓母、匣母与合口[u]相拼时，舌根擦音[x]改读为唇齿擦音[fu]。如：呼、狐、蝴、户、互都读[fu]。

2. 重庆方言的韵母

重庆方言有韵母37个：

[a] 巴打卡那　　　　[o] 波婆左过　　　　[ɛ] 嗝这白麦
[ɿ] 知指私诗　　　　[ər] 儿耳二而　　　　[ai] 排街代
[ei] 杯肥每美　　　　[au] 包高毛靠　　　　[əu] 逗周走手

[an] 班盘曼干　　[ən] 奔成胜轮　　[aŋ] 邦刚航忙
[oŋ] 翁梦轰中　　[i] 衣比鸡戏　　[ia] 家虾亚牙
[io] 觉学药雀　　[iɛ] 捏灭铁蝶　　[iai] 皆懈戒解
[iau] 标条悄孝　　[iəu] 丢修求优　　[ian] 烟边面片
[in] 兵民京音　　[iaŋ] 央娘江香　　[ioŋ] 龚用胸穷
[u] 不铺胡木　　[ua] 瓜耍夸花　　[uɛ] 国扩或
[uai] 歪乖甩坏　　[uei] 堆推灰累　　[uan] 端弯拴
[uən] 昆温绳准　　[uaŋ] 光晃装双　　[y] 女居迁叙
[yɛ] 决缺月雪　　[yu] 欲曲俗局　　[yan] 娟圈轩愿
[yn] 云军勋群

韵母说明：

（1）重庆方言没有 [ɿ] 韵母，只有 [ʅ] 韵母，北京语音的 [ɿ]，重庆方言都读作 [ʅ]。如：资、支、知、直、只等，都读作 [ʅ]。

（2）重庆方言没有 [ɤ] 韵母，分别读成 [o] 和 [ei]。歌、科、讹等读 [o]。如：车、者、社等读 [ei]。

（3）重庆方言没有后鼻韵母 [iŋ]、[əŋ]，北京音 [iŋ] 和 [əŋ]，重庆方言都读成 [in] 和 [ən]。如：兴、行、兵都读成 [in]；彭、生、正等都读成 [ən]。

（4）重庆方言没有 [uo] 韵母，分别读成 [o] 和 [uɛ]。如：多、罗、左等都读成 [o] 韵；扩、国、郭等读成 [uɛ]。

3. 重庆方言的声调

重庆方言有 4 个声调，分别为：

阴平　[55]　　开知丁飞昏

阳平　[21]　　陈平人云铁

上声　[42]　　口手短走丑

去声　[214]　　倍社醉共阵

声调说明：

（1）平声清声母字，重庆方言读阴平调。

（2）古平声全浊、次浊声母古入声字，重庆方言读阳平调。

（3）古上声清声母字、次浊声母字，重庆方言读上声。

（4）古上声全浊声母字，古去声清声母字、次浊、全浊声母字，重庆方言读去声。

（二）语音变异分析

根据前人的重庆方言研究成果，我们选择九个较典型的语音特点，对安置地的三峡移民进行调查，具体如下：

1. 重庆方言中古泥来两母读音问题。2. 古知庄章组字与古精组洪音字读音。3. 古匣母洪音字的读音。4. 古影母字、古日母字的读音。5. 北京语音中［ɤ］韵母的字在重庆方言中的读法。6. 古曾摄开口一等入声德韵字的读音。7. 古曾、梗摄开口舒声字与古深臻摄开口舒声字的读音。8. 重庆方言中古入声字的归类。9. 特殊字音。

1. 重庆方言中古泥来两母的读音

重庆方言中古泥来两母今读音合成一个声母，在普通话中"南、怒、女、年"的声母读为［n］，"蓝、路、吕、莲"的声母读为［l］，而在重庆话中都读为［n］[①]。

表4—1　　　　　　重庆方言中古泥来两母的读音表

例字＼合作人	A1	A2	A3	A4
蓝——南	n——n	n——n	n——n	l——n
路——怒	n——n	n——n	n——n	n——n
吕——女	n——n	n——n	n——n	l——n
莲——年	n——n	n——n	n——n	n——n

从表4—1可以看出，家庭成员在古泥来两母的读音问题上存在差异。两位老年在"蓝——南""路——怒""吕——女""莲——年"四组字声母的读音上都读［n］；而中年人则略有变化，在"吕——女"这组字中，前字读边音［l］，后字读舌尖中音［n］，其他三组字声母均为［n］，与老派相同；青年人在这个问题上则与老年人和中年人不同，他们在第一组和第三组例字中，前字读边音［l］，后字读舌尖中音［n］，比老年人和中年人区分［n］［l］的程度有所加深。由此可见，重庆方言中，古泥来两母今

---

① 翟时雨：《重庆方言志》，西南师范大学出版社1996年版，第42页。

读音合成一个声母的语音现象，随着年龄层的降低，使用范围也在逐渐减小，逐渐向普通话靠拢，逐渐朝着区分［n］［l］的方向发展。

2. 古知庄章组字与古精组洪音字的读音

重庆方言没有舌尖后音声母［tʂ tʂ' ʂ］，将北京语音分别读作［tʂ tʂ' ʂ］和［ts ts' s］，两组声母的字都读成［ts ts' s］，古知庄章组字读作［ts ts' s］，与古精组洪音字同音。如："招、遭""昌、仓""扇、散"，在重庆方言中都读平舌音，而在普通话中前字都读翘舌音，而后字都读平舌音。

表4—2　　　　古知庄章组字与古精组洪音字的读音情况表

例字＼合作人	A1	A2	A3	A4
知——资	ts——ts	ts——ts	ts——ts	tʂ——ts
尺——此	ts'——ts'	tʂ'——ts'	tʂ'——ts'	tʂ'——ts'
是——寺	s——s	s——s	ʂ——s	ʂ——s

从我们对一家三代古知庄章组字与古精组洪音字的调查中可以看出，两位老年人在这三组字的读音上略有不同。老年人A1三组字全部读平舌音；而老年人A2在第二组字"尺——此"中，前字读翘舌音，后字读平舌音，其他两组字都读平舌音，与A1相同。中年人与老年人A2一样，在三组字中也出现一组字分平翘舌，在第三组字"是——寺"中，前字读翘舌音，后字读平舌音。在青年人的口中，三组字全部分平翘舌，与普通话相同。平翘舌的分化在老年人中就已经开始，A1为男性，年龄较大，A2年龄要比A1小，是女性，虽然都是文盲，但社会语言学的研究表明，一般女性要比男性更倾向于使用标准变体，她们在很多时候都承担着语言变化领跑者的身份。而青年人一方面因为他们都有较长的受教育的经历，受普通话影响较大；另一方面，在安置地，由于语言不通，无论在学校还是在日常生活中，普通话都是他们常用的交际语言，所以这种区分平翘舌的现象更加普遍。

3. 古匣母洪音字的读音

重庆方言中，古匣母洪音字分别读成［x］或［f］。如"浑"读作

[x]，"胡"读作[f]，而在普通话中，两字的声母均为[x]。下面我们仅就重庆话中读作[f]的古匣母洪音字进行分析。

表4—3　　　　　　　　古匣母洪音字的读音表

例字 \ 合作人	A1	A2	A3	A4
扶——胡	f——f	f——f	f——h	f——h
费——会	f——f	f——f	f——f	f——f

家庭中的两位老年人把古匣母洪音"胡""会"均读作[f]。中年人则把"胡"读作[x]，而不是唇齿音[f]，把"会"读作唇齿音[f]，与"费"同音。青年人的读法与中年人相同，第一组字区分[x][f]，第二组不分。

4. 古影母字、古日母字的读音

表4—4　　　　　　　古影母字、古日母字的读音表

例字 \ 合作人	A1	A2	A3	A4
爱	ŋ	ŋ	ŋ	ŋ
人	z	r	z	z

在古疑母、影母，今读零声母的开口呼韵前，重庆方言往往要加上声母[ŋ]；古日母字除止摄开口三等字读零声母外，其他均读[z]。从表4—4可以看出，古影母字"爱"，在家庭各成员中的读法没有区别，声母都为舌根浊鼻音[ŋ]，仍保持重庆方言的一贯读法，没有发生变化。古日母字"人"，在家庭成员中，男性老年人、中年人和青年人仍然读[z]，仍坚持重庆方言的一贯读法；女性老年人的读法则与重庆方言不同，而与普通话相同，都读[r]。

5. 北京语音中[ɤ]韵母的字在家庭成员中的读音

重庆方言没有[ɤ]韵母，北京语音读[ɤ]韵母的字，重庆方言中分别读成[o]和[ei]韵母。如："河、割"读成[o]韵母，"蛇、色"读成[ei]韵母。从我们的调查中可以看出，两位老年人和中年人

的"歌"韵母的读音仍然是[o]，而只有青年人的读法与普通话相同，为[ɤ]韵。四位家庭成员中"舌"的韵母的读音相同，都为[ei]韵，与普通话的[ɤ]韵不同。

表4—5　　　　[ɤ]韵母字在家庭成员中的读音情况表

例字＼合作人	A1	A2	A3	A4
歌	o	o	o	ɤ
舌	ei	ei	ei	ei

6. 古曾摄开口一等入声德韵字的读音

表4—6　　　　古曾摄开口一等入声德韵字的读音表

例字＼合作人	A1	A2	A3	A4
黑	ei	ei	ei	ei
刻	ɛ	ə	ə	ə

古曾摄开口一等入声德韵字在重庆方言中读[ɛ]韵，如："北、得、肋、则、刻、黑"，这些字在北京话中一部分读[ɤ]韵，一部分读[ei]韵。"得、则、刻"在重庆话中读[ɛ]韵，而在普通话中读[ɤ]韵，"北、黑"在重庆话中读[ɛ]韵，而在普通话中读[ei]韵。从表4—6可以看出，四位被调查人在古曾摄开口一等入声德韵字的读音上的变化较大，四人"黑"字完全读[ei]韵，而不是重庆方言的[ɛ]韵，而"刻"的读音除了老年男性的读法与重庆方言相同，为[ɛ]韵外，其他三人均与普通话相同，为[ə]韵。

7. 古曾、梗摄开口舒声字与古深臻摄开口舒声字的读音

表4—7　　古曾、梗摄开口舒声字与古深、臻摄开口舒声字的读音表

例字＼合作人	A1	A2	A3	A4
根——耕	ən——ən	ən——ən	ən——ən	ən——əŋ
宾——冰	in——in	in——in	in——in	in——iŋ

重庆方言中，古曾、梗摄开口舒声字与古深、臻摄开口舒声字的读音相同。重庆方言中没有［əŋ］韵母，北京语音中读作［ən］［əŋ］两个韵母的字，重庆方言中都读成［ən］韵母。"庚、烹、蒸、正、橙、争"等字，普通话中都读成［əŋ］韵，而重庆方言中则读成［ən］韵。重庆方言中也没有［iŋ］韵母，北京语音中读作［in］［iŋ］两个韵母的字，重庆方言中都读成［in］韵母。"幸、樱、宁、应、精、饼、丁、形"等字，普通话中都读成［iŋ］韵，而重庆方言中则读成［in］韵。在我们所调查的两组字中可以看出，除了青年人能区分"ən——əŋ"和"in——iŋ"外，两位老年人和中年人均没有办法区别两者，仍然把［əŋ］韵和［iŋ］韵读成［ən］韵和［in］韵。

8. 重庆方言中古入声字的归类

重庆方言有四个声调，分别为阴平、阳平、上声、去声，没有入声，与北京话相同。重庆方言与北京话都将古清声母平声字归为阴平，将古浊声母平声字归为阳平，将古清声母和次浊声母上声字归为上声，将古全浊声母上声字和全部去声字归为去声。但重庆方言与北京话在古入声字的归类上并不完全相同，重庆方言古入声字全归为今阳平声中，而北京话则将古入声字分别归并到阴平、阳平、上声和去声四个声调中。在调值上，重庆方言与普通话除阴平调都读高平调外，其他三种都不相同。重庆话的三个调值分别是：阳平为低降调（21），上声为中降调（42），去声为降升调（214）；而普通话的阳平为中升调（35），上声为降升调（214），去声为降调（51）。

表 4—8　　　　　　　　中古入声字归类表

例字＼合作人	A1	A2	A3	A4
八	阳平 21	阳平 21	阴平 55	阴平 55
白	阳平 21	阳平 21	阳平 21	阳平 35
尺	阳平 21	阳平 21	阳平 21	阳平 21
麦	阳平 21	阳平 21	阳平 21	阳平 21

在表 4—8 中,"八、白、尺、麦"四个字都是古入声字,这些字现在在重庆方言中都归入阳平调,而在普通话中它们分别归入四个不同的声调,"八、白、尺、麦"分别归为阴平调、阳平调、上声调、去声调。从我们对该家庭的调查结果可以看出,两位老年人仍然保持着重庆方言古入声字的调类归属,仍然都归为阳平,调值为 21。中年人则与老年人略有不同,"白、尺、麦"仍都归为阳平调,而"八"则归为阴平调,调值为 55,与普通话相同。青年人"尺、麦"的调类归属与重庆方言相同,都归为阳平调,"八"的归属与普通话相同,归为阴平调,调值为 55。青年人"白"的调值为 35,与普通话阳平的调值相同,而这个调值在重庆方言的声调系统中是没有的,可见青年人是由于受普通话的影响,而产生的这种调值变异。

9. 特殊字音

表 4—9　　　　　　　　　特殊字音表

例字 \ 合作人	A1	A2	A3	A4
喷	fən⁼	fən⁼	p'ən⁼	p'ən⁼
族	₌tɕ'yu	₌tɕ'yu	₌tsu	₌tsu

在重庆方言中有些字有特殊读法,我们在问卷中选择"喷、族"两个字进行调查,"喷"重庆方言中的读音为 [fən⁼],普通话的读音为 [₌p'ən]。"族"重庆方言中的读音为 [₌tɕ'yu],普通话的读音为 [₌tsu]。从调查结果来看,两位老年人仍继续沿用重庆方言的特殊读法,而中年人和青年人则把"喷、族"的声母和韵母都变得与普通话相同,声调仍采用重庆方言的声调。这种特殊字音在语言中没有系统性,较不稳定,所以在我们调查的九项语音当中,它的变化相对较快,家庭中这种特殊字音只在老年人口中还有所保留,中年人和青年人都不再使用了。

二 词汇的年龄变异

我们在重庆方言的词汇中选取 50 个常用词语作为考察项,并借此来反映目前移民口中重庆方言的词汇情况。

(一) 三代词语选择差异

我们把问卷中所调查的词语，按照老中青对词语的选择进行对比归类，最后分为以下五类：

1. 老中青完全相同：菜地　巷子　鸡母　棒棒
2. 老中青完全不同：大人些/大人们（老）//大人们（中）//大人家（青）　公公/家公（老）//家公（中）//外公（青）
3. 老中相同与青不同：鸡公（老中）//公鸡（青）　鸭母（老中）//母鸭（青）　娘娘（老中）//姑姑（青）
4. 青中相同与老不同：鸡毛掸子（中青）//鸡毛扫扫儿（老）　叔叔（中青）//叔爷（老）　木耳（中青）//耳子（老）
5. 老青相同与中不同：血旺儿（老青）//猪血（中）　干（老青）//酽（中）　叔爷（老青）//叔叔（中）

这五类词语所占的比例见表4—10。

表4—10　　　　　　三代词语差异表

比值\分类	老中青完全相同	老中青完全不同	老中相同与青不同	青中相同与老不同	老青相同与中不同
总数	17	7	14	9	3
比例（%）	34	14	28	18	6

在以上的五种类型当中，老中青完全相同与老中青不同代表两个极端，前者是代表词汇当中稳定的部分，后者是代表词汇当中变动的部分。从表4—10可以看出，前一类情况所占的比例为34%，是五种类型当中比重最高的，比后一类型多出20个百分点；而老中相同与青不同及中青相同与老不同分别代表偏老和偏新的两种类型，前者所占的比例为28%，而后一种占18%，由此可见三代当中老年人中年人口中的词汇偏老，以保持老派说法为主，而青年人偏新且要比中年人老年人平均高出10个百分点；老青相同与中年人不同的情况与其他几种类型不同，而且似乎与事实有所偏离，但语言在使用过程中要受到各种因素的影响，比如：性别、年龄、职业、文化程度、生活环境等，这些都可能导致其发生变化，而且

语言使用者个人的好恶、个人的选择习惯都会在其中产生影响。在我们所调查的词条中，仅有三条出现老年人和青年人相同而与中年人不同的现象，其中的"猪血"和"叔父"，中年人都选择了新派说法"猪血"和"叔叔"，而老年人和青年人则选择了重庆老派的说法"血旺儿"和"叔爷"。由此可以看出，中年人是家庭的支柱，他们由于工作和生活的需要，与外界接触频繁，生活范围要比老年人和青年人宽阔得多，在这种生活状态下，为了交际的顺利进行，他们必然会调整自己的语言，使用一些普通话或者新派的说法，而舍弃一些老派说法。

（二）三代词语差异

三代的词语差异可以从词形和词音两个方面来考察，而其词语差异主要见于词形，词音差异相对较小。

1. 词形差异①

词形差异是指所用的词语外形不同。三代人词语的来源原本相同，但是在传承的过程中会有所变化，这种改变在不同的年龄层之间并不一致，词形改变通常是受到外来的影响所致，这种影响主要在于两个方面，一方面，别的方言或是书面语的说法进入口语中来，和原来口语中的说法并存，或是取代了原来的说法；另一方面，由于别的方言或语言也成为日常的用语，方言母语说得少了，也就自然慢慢退步，原来常用的词语也因此渐渐忘了，词语的变化少了，或者产生了讹变，于是词形改变了，这两方面结合起来就导致了方言母语的日渐衰落。

三代人的词形差异主要见于两个方面：原有词语消减和被取代。

在方言的词语中，同一事物由于代代相传，往往有不同的说法同时并存的现象，不同的说法并存是方言本身表现力强的体现，它们在同一个方言区内流传，说同一方言的人，大体都听得懂，但不同地区的人，往往有不同的习惯，个人口语也有自己的习惯，并不是每个词语都用。由于受到各种原因的影响，这些变化多样的说法，到了年轻一代，往往越传越少，而最先消失的通常是那些最有地方性的说法，这是方言母语衰弱的表现。

---

① 云惟利：《一种方言在两地三代之间的变异》，厦门大学出版社2004年版，第212—213页。

表 4—11　　　　　　　　　　原有词语消减表

合作人 词条	A1	A2	A3	A4
公鸭	鸭卿儿/鸭头	鸭卿儿/鸭头	鸭头	鸭头
伯母	伯妈/伯娘/大娘	伯娘/大娘	大娘	大娘
回头	回头/车过脑壳	回头/车过脑壳	回头	回头

"公鸭"在重庆老一代人中有"鸭卿儿""鸭头"两种说法，而到了第二代和第三代"鸭卿儿"的说法消失了，只保留了"鸭头"的说法。"伯母"在老年人的重庆方言中有三个说法，分别是"伯妈、伯娘、大娘"，这些说法来源各异，但都被人们使用，集中到了一起，个人根据自己的需要或者共用几个，或者单用其中之一，而到了第二代和第三代前两个说法都消失了，只保留了"大娘"的说法。同样，"回头"在老辈重庆人口中有"回头、车过脑壳"两种说法，而二三代人都只保留了"回头"的说法。

方言和普通话相互接触，一是使得各地人所说的普通话有地方色彩，即地方普通话；二是使得各地方言接受普通话的表达习惯。并存与竞争同在，但在竞争的过程中，普通话因为是书面语的依据，又以政策为依靠，具有绝对优势，对人们的影响逐渐增强，而且处于弱势的方言除了受普通话的影响外，还受其他的强势方言的影响。

普通话通过教育和书面语影响方言，主要表现在两个方面：一是词语；一是句法。最能渗透到方言口语的是个别书面语。此外，强势方言的常用词语也可以通过方言之间的接触而传入，这是方言衰弱的另一方面的表现。三代之间的词语变化，旧说法为新说法所取代的优势越来越明显。

表 4—12　　　　　　　　　原有词语被普通话取代

合作人 词条	A1	A2	A3	A4
鸡毛掸子	鸡毛扫扫儿	鸡毛扫扫儿	鸡毛掸子	鸡毛掸子
公鸡	鸡公	鸡公	鸡公	公鸡
谈恋爱	耍朋友	耍朋友	谈恋爱	谈恋爱
外人	别个	别个	别个	外人

"鸡毛掸子"在第一代重庆移民的口中称为"鸡毛扫扫儿",这是重庆方言土语词,而到了第二代和第三代,中年人和青年人使用普通话词语"鸡毛掸子",不再使用原有的重庆土语词。"公鸡"在重庆方言中叫作"鸡公",两位老年人和中年人仍然保持这种方言说法,而到了青年人则用普通话中的说法"公鸡"取代原来的重庆土语词。"谈恋爱"重庆话中叫作"耍朋友",调查中两位老年人仍然使用这种说法,而中年人和青年人则用普通话中的说法取代母语的说法。"外人"重庆方言中的说法为"别个",现在两位老年人和中年人仍使用这种说法,而青年人则用普通话的"外人"取代原有说法"别个"。

移民在搬迁到安置地后,他们口中的重庆话不仅受到普通话的影响,同时也受到安置地的当地方言的影响,随着接触的进一步深入,这种影响也必然逐渐加深。表现在词汇上,就是词语借用现象的出现,这种借词现象不仅可以体现在借形上,也可以体现在借音上。重庆话相对于当地话是弱势方言,当地话是强势方言,所以随着接触的深入,弱势方言向强势方言借词的现象也将逐渐增多。而不同年龄的人中,老年人的语言态度较为保守,他们从小习惯了说方音,对于母语有较深厚的感情,对于学习另一语言或方言不积极;中年人尤其是青年人思想活跃,容易接触新的事物,而且处于人生阶梯的攀登阶段,更有学习的需要,所以中年人尤其是青年人在学习当地话上要更积极。

表4—13　　　　　　　原有词语被当地话取代

合作人 词条	A1	A2	A3	A4
站住	站到	站到	站到	站块
大人们	大人些	大人们	大人们	大人家

"站住"在重庆方言土语里是"站到",当地话的说法是"站块",老年人和中年人都仍在使用重庆方言,而青年人则用当地话的说法取代了重庆话的说法。普通话的"大人们"在重庆方言中的说法是"大人些",而当地话的说法是"大人家"。在我们的调查中,老年男性仍然保持重庆方言的说法,而老年女性和中年人则采用普通话的说法,青年人则借用了当地人的说法"大人家"。虽然在我们的50个词汇的调查中,只有两个

是借用了当地话的词汇，但我们相信，如果对青年人的词汇做大量的调查，这种现象的比例还可能会增加。

（三）词音差异[①]

词音差异指词形不变，只是词素的读音变了。方音在传播的过程中很容易发生变化，年轻一代从年长一代那里学习母语的语音，由于内外多种因素的影响，下一代在继承的过程中，会出现偏差，从而产生不同。而在方言或语言相互接触的过程中，处于弱势的方言或语言，其词音更易于发生变化；通常词音起变化时，词形依旧不变，不过有时词音变了，词形也跟着变。词音的具体变化也就是声母、韵母、声调的变化。在词音的声韵调三个要素中，声母改变的例子较常见，其次是韵母和声调。方言在面对强势语言时，词音的改变往往反映出方言的衰弱；当发音人对词语把握不定时，词音也往往不稳定，易于产生转变。

表 4—14　　　　　　　　　词音差异表

合作人 词条	A1	A2	A3	A4
芝麻	芝 [ₑtsɿ] 麻	芝 [ₑtsɿ] 麻	芝 [ₑtsɿ] 麻	芝 [ₑtʂɻ] 麻
热闹	热 [ᵚzɛ] 闹	热 [ᵚzɛ] 闹	热 [ᵚzɛ] 闹	热 [ᵚʐɤ] 闹
巷子	巷 [xaŋ⁼] 子	巷 [xaŋ⁼] 子	巷 [ɕiaŋ⁼] 子	巷 [ɕiaŋ⁼] 子

"芝麻"的"芝"在重庆方言中的读法为 [ₑtsɿ]，声母为平舌音 [ts]。重庆方言古知庄章组字与古精组洪音字同音，没有舌尖后音声母 [tʂ tʂʻ ʂ]。北京语音中读作 [tʂ tʂʻ ʂ] 的字，重庆方言中都读作 [ts tsʻ s]。在调查的家庭中，两位老年人和中年人都保持着重庆方言土语的说法，青年人则与之不同，他把"芝"读为 [ₑtʂɻ]，声母为翘舌音 [tʂ]，在重庆方言音系中不存在的舌尖后声母在青年人口中出现了。"热闹"的"热"，在重庆方言中的读音为 [ᵚzɛ]。在重庆方言中，古日母字除止摄开口三等字读零声母外，其他均读 [z]，而普通话中读作 [ʐ]。两位老年人和中年人都把"热"的声母读为 [z]，而青年人口中的声母则与普通话相同，为 [ʐ]。就韵母来看，老年人和中年人的韵母为

[①] 云惟利：《一种方言在两地三代之间的变异》，厦门大学出版社 2004 年版，第 220 页。

[ɛ]，青年人的韵母为[ə]。青年人的声母和韵母都不在重庆方言语音系统之内。老年人、中年人和青年人在"热"的读音上唯一相同的就是声调。"巷子"的"巷"，重庆方言中的读音为[xaŋ]，声母为[x]。家庭中两位老年人的读音保留了重庆当地土语的读音，而中年人和青年人则采用普通话的读音。这种音变实际反映出重庆方言语音的不稳定，容易受普通话及别的方音的影响而产生变化。

词语读音上的变化，无论是声母韵母还是声调，大多在原语音系统内部进行变化，但也会出现超越系统之外的变化。上面"巷子"的"巷"的语音变化是在重庆方言系统之内的变化，而"芝麻"的"芝"和"热闹"的"热"语音上的变化都不是在重庆方言系统之内的变化。普通话和重庆方言的语音系统不尽相同，两者在接触时，必然会对词语的语音产生影响，进而产生借用另一系统的声母、韵母或者声调的现象。不同方言之间，如重庆话和当地话的接触也会产生这种现象，这是不同方言之间接触进一步加深的体现，同时也体现了借用一方的方言衰弱的现象。

表4—15　　　　　　　　常用词汇调查表

合作人 词条	A1	A2	A3	A4
菜地	菜地	菜地	菜地	菜地
巷子	巷子	巷子	巷子	巷子
大人们	大人些	大人们	大人们	大人家
鸡毛掸子	鸡毛扫扫儿	鸡毛扫扫儿	鸡毛掸子	鸡毛掸子
葱	葱子	葱子	葱	葱
公鸡	鸡公	鸡公	鸡公	公鸡
母鸡	鸡母	鸡母	鸡母	鸡母
研究研究	研究一下	研究一下	研究一下	研究一下
公鸭	鸭卿儿/鸭头	鸭卿儿/鸭头	鸭头	鸭头
母鸭	鸭母	鸭母	鸭母	母鸭
老鼠	耗子	耗子	耗子	耗子
瓶子	瓶子	瓶子	瓶子	瓶子
清洗衣服	清衣服	清衣服	汰衣裳	汰衣裳

续表

合作人 词条	A1	A2	A3	A4
挑夫	棒棒	棒棒	棒棒	棒棒
伯母	伯妈/伯娘/大娘	伯娘/大娘	大娘	大娘
叔父	叔爷	叔爷	叔叔	叔爷
祖父	大大	大大	爷爷	大大
祖母	奶奶	奶奶	奶奶	奶奶
外祖父	公公	家公	家公	外公
外祖母	家家	家婆	家婆	外婆
外甥	外俚	外俚	外俚	外俚
姑妈	娘娘	娘娘	娘娘	姑姑
姨妈	姨娘	姨娘	姨娘	姨妈
姑夫	姑爷/姑夫	姑爷/姑夫	姑爷/姑夫	姑夫
姨夫	姨爹	姨爹	姨爹	姨夫
猪血	血旺儿	血旺儿	猪血	血旺儿
吃午饭	吃晌午/吃晌	吃午饭/吃晌	吃晌	吃午饭
扫干净	扫干净	扫干净	扫干净	扫干净
客人走时说的话	不送了	不送了	不送了	不送了
长长的	长长的	长长的	长长的	长长的
回头	回头/车过脑壳	回头/车过脑壳	回头	回头
很好	好得很	好得很	好得很	很好
学会了	学到了	学到了	学到了	学到了
认识—不认识	认得到—认不到	认得到—认不到	认得到—认不到	认得到—认不到
怎么样	啷个	啷个	怎么样	怎么样
什么	么子	么子	么子	么子
热闹	热闹	热闹	热闹	热闹
饭稠	干	干	酽/烂	干
早晚	早晚	早晚	早晚	迟早
车过的渡口	轮渡	车渡	车渡	轮渡

续表

合作人 词条	A1	A2	A3	A4
锄麦地里的草	薅草	薅草	锄草	锄草
芝麻	芝麻	芝麻	芝麻	芝麻
辣椒	辣子/海椒	海椒	辣子	海椒
外人	别个	别个	别个	外人
（饺子）馅儿	心子	心子	心子	馅儿
木耳	耳子	耳子	木耳	木耳
谈恋爱	耍朋友	耍朋友	谈恋爱	谈恋爱
站住	站到	站到	站到	站块
骂	噘	噘	噘	骂
吃～	吃烟	吃烟	吃烟	—

三 语法的年龄变异

语法部分的考察内容包括：1. 实词部分：包括"些"作为名词后缀的用法、单音节形容词＋叠音后缀、动词＋一下的用法。2. 虚词部分：包括副词"很"的用法、助词"得"、助词"过"、几个常用语气词"噻、哒"的用法。3. 句法部分：包括重庆方言中的动＋不＋动＋得＋来、不看见的用法句法特点，以及江淮方言的双宾语句的句法特点、可能补语的否定形式。

（一）实词部分

表4—16　　　　　　　实词情况表

合作人 词条	A1	A2	A3	A4
大人们	大人些	大人们	大人们	大人家
长长的	长长的	长长的	长长的	长长的
研究研究	研究一下	研究一下	研究一下	研究一下

重庆方言中的名词后面可以加后缀"些",表示复数,与普通话的名词后缀"们"相似,但普通话中的"们"不能用来指动物,而只用来指人,但重庆方言中,"些"不仅可以用来表示人也可以用来表示物,如老师些、客人些、鸡些、猪些、东西些等。从表4—16可以看出,四位家庭成员当中,只有老年男性采用名词后面加后缀"些"的用法;老年女性和中年人都采用普通话加后缀"们"表示复数的方法,而青年人则采用当地的后缀加"家"的方法表示复数。

在重庆方言中,单音节语素加叠音后缀构成的形容词非常丰富。普通话虽然也有这种形式,但普通话的这种格式要比重庆方言少得多,而且所带词缀内容不同。在重庆方言中有:悬吊吊、干精精、空浪浪、白生生、圆滚滚、油迹迹、疯扯扯、煳焦焦等说法,但普通话中没有这些说法。普通话中"长长的",在重庆方言中叫作"长甩甩"。但从我们的调查中,四位家庭成员没有一位成员使用重庆方言的这种说法,全都使用普通话的说法。

重庆方言中动词加"一下(儿)"可以表示尝试或短暂的意思,而普通话中较多采用单音动词重叠,如:试试、看看,或者双音动词的重叠,如:修理修理、打扫打扫、学习学习。普通话的"研究研究"在所有移民家庭成员的口语中仍然是使用动词加"一下(儿)"的形式,即"研究一下"。

(二)虚词部分

表4—17　　　　　　　　虚词情况表

例句＼合作人	A1	A2	A3	A4
这娃儿太调皮很了	√	√	√	—
车子还没来得	—	—	—	—
你快点帮我一下嚷	√	√	√	√
吃哒	√	√	√	√

重庆方言中有"形(动)+很+了"的形式,表示过分,如"高兴很了、累很了、太狠了、害怕很了"等。同时这种格式前面还可以加程

度副词"太",如"这娃儿太调皮很了"。在我们的调查中,移民家庭中除了青年人没有"形(动)+很+了"的格式外,其他人都使用这种格式。

在重庆方言中,助词"得"有"否定动词+动+得"的用法,这种出现在句子末尾的"得",类似语气词,多用在表示否定的句子后面,但是从调查的结果来看,这种用法在家庭成员中均没有出现,他们都选择"车子还没来"的说法。

在重庆方言中,有"哈、咯、嗦、噻、哒"等几个常用语气词,我们这里选择"噻、哒"两个作为调查对象,在"你快点帮我一下噻""吃过饭了吗?吃哒"的例句中,四个家庭成员都使用了语气词"噻、哒",所以语气词在移民中的使用仍比较普遍。

（三）句法部分

表 4—18　　　　　　　　句法情况表

例句＼合作人	A1	A2	A3	A4
你骑不骑得来自行车?	√	√	√	—
我眼睛不看见	√	√	—	—
我送一本书你	我把你一本书	我把你一本书	—	—
打他不过				

重庆方言中的句法与普通话差别不大。重庆方言有"动+不+动+得+来"的句式,主要是用来表示会不会做什么或不习惯做什么的提问句式,而普通话表示这种意思的句式常常是"会+不+会+动"。在调查中,两位老年人和中年人都使用这种"动+不+动+得+来"句式,而青年人则使用"会+不+会+动"的句式。可见这种句式在移民中仍比较常用。

"不看见"在重庆方言中是比较特殊的句式。通常重庆方言否定副词"不"加动词的句式与普通话相同,但在与"晓得"和"看见"相结合时,否定副词在动词前面。而这种特殊格式只在老年人中出现,其他家庭成员均使用"看不见"与普通话相同的形式。

双宾语句中，直接宾语在前，间接宾语在后，是安置地江淮方言区和吴语区常用的句式，如："上个星期已经寄信他。""拨只鸡他家。"可能补语的否定形式，代词宾语常出现在动词和补语之间，如："追他不着。"这两种句式是安置地的特殊句式。从我们的调查中可以发现，四位家庭成员中，不仅老年人和中年人，连最容易接受新鲜事物的青年人也没有采用当地人的这些句法形式。

表 4—19　　　　　　　家庭成员语言情况总表　　　　　　单位：%

类型 \ 合作人	A1 新派	A1 老派	A2 新派	A2 老派	A3 新派	A3 老派	A4 新派	A4 老派
语音	5	95	19	81	29	71	62	38
词汇	10	90	12	88	36	64	58	42
语法	9	91	18	82	27	73	45	55

四位合作人虽然同属一个家庭，一起生活，但是他们自身的母语方言能力各不相同，从上面的分析和统计可以看出：

语言是在不断发展变化的，但在这个过程中语言各要素的变化并不相同。从表4—19的统计我们就可以看出，语音、词汇、语法这三个要素在每个家庭成员中，使用新派说法和老派说法的比例各不相同，他们的变化速度各不相同。老年男性词汇的变化要稍快于语音和语法，词汇中使用新派说法的要比语法多1个百分点，比语音多5个百分点。而老年女性语音和语法的变化速度基本相同，但都比词汇的变化速度大，两者相差6—7个百分点。中年人词汇的变化速度最快，词汇中使用新派说法的达到36%，比语音和语法高出7—9个百分点。青年人则与中年人不同，虽然他们在语音、词汇、语法上都大量使用新派说法，但在语音上的变化速度要高于语法和词汇。从总体来看，家庭成员词汇的变化要相对快于语音和语法。不仅语言各要素的变化各不相同，每个家庭成员的变化也各有不同。从表4—19可以看出，老年女性在语言的变化上始终要快于男性，其中在语音方面的变化最大，两者相差14个百分点。其次是语法、词汇。虽然家庭中的两位老年人都是文盲，一方面他们年龄相差较大，女性年龄比男性小，这种差距会对他们的语言造成影响；另一方面，社会语言学的研究表明，在语言使用上，女性一般要比男性更多地使用新派形式，更多地向标准形式靠拢，因此家庭中老年女性在语音、词汇、语法上的变化都要高于老年男性，性别在语言的变化上起着重要的作用。中年人在语言的变化上处于老年人和青年人之间，中年人在词汇的变化速度上与老年人的差异最大；而与青年人差异最大的是在语音新派形式的使用比例上，青年人要比中年人高出33个百分点。青年人的变化最大，在他们的口中，有半数以上的语音和词汇都发生了变化，语法方面也有45%采用了新派说法，这说明年龄对于重庆方言的变化有着重要的影响。重庆方言在一家三代中的变化除了受普通话的影响之外，作为移民方言还同时受到当地强势方言的影响。"因为一县的人往往学习县城话，同府的人往往学习府城的话，全省的人往往学习省城的话。城市越大，来往的人越多，那儿的方言对周围的方言影响也越大，受周围方言影响也越大。"[①] 移民的人数相对当地人仍是少数，而且他们在经济上也基本上处于劣势，这些都决定了重庆方言的弱势地位，移民口中的方言必然会自觉或不自觉地被当地话影响，而这种影响首先反映在敏感的词汇上，如我们上面分析的"大人家""站块"，随着接触影响的深入，这种现象会逐渐在语音和语法上表现出来。

第二节　一家三代语言使用状况考察

一　语言能力

四位家庭成员的幼年时期最先习得的都是重庆方言，但现在可以用来交流的语言却有所不同。老年男性现在只能用重庆方言来交流，而老年女性和中年人则表示可以用普通话和重庆话进行交流，青年人则可以用普通话、重庆话和当地话进行交流。就语言使用水平来讲，四位家庭成员都能流利准确地使用重庆方言，而对于普通话，老年男性表示不太会说普通话，老年女性和中年人都表示能较流利地使用普通话，青年人则表示能流利准确地使用普通话。对于当地话，老年男性完全听不懂也不会说当地话，老年女性和中年人则表示不太能听懂当地话而且也不太会说，青年人则表示能较流利地使用当地话。对于当地人的重庆话水平，移民的评价基

---

① 李荣：《官话方言的分区》，《方言》1985年第2期。

本上属于不太能听懂且不太会说的程度。

二 语言使用模式

表 4—20　　　　　　　语言使用模式表

交谈对象		语言使用			
		A1	A2	A3	A4
家庭成员	祖父母	—	—	—	—
	父母	—	—	C	C
	配偶	C	C	C	—
	子女	C	C	C	—
	兄弟姐妹	C	C	C	C
	孙子孙女	C	—	—	—
非家庭成员（移民）	祖父辈	C	C	C	C
	父辈	C	C	C	C
	同辈	C	C	C	C
	子女辈	C	C	C	C
	孙儿辈	C	C	—	—
非家庭成员（当地人）	祖父辈	C	P	P	D
	父辈	C	P	P	D
	同辈	C	P	P	D
	子女辈	C	P	P	D
	孙儿辈	C	P	—	—

C = 重庆话；D = 当地话；P = 普通话

从表 4—20 中可以看出，移民面对不同的对象，会选择不同的语言来与之交谈。在家庭环境中，老中青三代都选择用重庆话进行交谈，重庆方言是移民家庭的交际语言。而在家庭环境之外，与非家庭成员的移民进行交流时，重庆话仍是他们之间的交际语言，在移民社区内部，移民还是习惯用母语来交流。在与当地人进行交流时，家庭成员所使用的语言各不相同，老年男性坚持使用重庆话与当地人进行交流，而老年女性和中年人都是使用普通话与当地人进行交流，青年人则更进一步使用当地话与当地人进行交流。

三　不同交际场合中的语言选择

表4—21　　　　　　　　不同交际场合中的语言选择表

交际场合＼合作人	A1	A2	A3	A4
去集贸市场买东西	C	CP	P	D
向陌生人问路	C	P	P	D
去饭店吃饭	C	CP	P	D
去医院看病	C	P	P	D

C＝重庆话；D＝当地话；P＝普通话

除了从不同的交谈对象来看移民的语言选择，我们还从不同交际场合看移民的语言选择。家庭成员在"去集贸市场买东西""向陌生人问路""去饭店吃饭""去医院看病"四个交际场合下的语言选择各不相同。老年男性在这些场合下都选择重庆话。老年女性在"去集贸市场买东西"和"去饭店吃饭"两个预设场合下选择普通话和重庆话共用；而在"向陌生人问路"和"去医院看病"两个场合下，都是选择普通话作为交际语言；老年女性在非正式场合和正式场合下的语言使用有所不同，在非正式场合下可以选择重庆话，而在正式场合下则都使用普通话。中年人在不同的交际场合下都选择普通话进行交流，而青年人则与老年人和中年人不同，选择使用当地话作为不同场合下的交际语言。

从上面的分析可以看出，由于个体语言学习能力差异，以及所处的社会环境的差异等因素的影响，虽然都在同一个家庭，但他们现在的语言能力各不相同，老年男性的语言能力最弱，只能用母语方言与人交流，其次是老年女性和中年人，他们都有一定的普通话交际能力，青年人的语言能力最强，可以使用当地话作为交际语言。这种语言能力的不同，使得他们在交际活动中，面对不同的交际对象和交际场合时，会选择不同的语言进行交流。

四 母语忠诚调查

家庭成员对于母语的态度比较宽容，对于不愿意说自己母语的移民除了老年人表示不太习惯外，中年人和青年人都表示可以理解。四位家庭成员对普通话比较认同，当有移民用普通话与之交流时，只有老年女性表示不是很习惯，而中年人和青年人都表示可以理解，老年男性则对这种现象表示无所谓。对"如果有移民跟你说当地话，您持什么态度？"的问题，除了青年持正面的态度外，老年人和中年人都表示听着不习惯，接受起来有难度。所以，在家庭中，虽然大家对母语的忠诚度并不是非常强烈，语言态度比较开放，但是对于当地方言的介入仍然十分介意，并对其有一定的排斥心理。

五 移民对母语未来发展的态度

我们所调查的这个家庭，没有与当地人通婚的，但是当被问到家里人与当地人通婚的态度时，除老年男性持无所谓态度外，其他人都表示应该尊重。而对于"是否希望当地的媳妇学说重庆话"，老年男性表示希望，青年人和老年女性持无所谓的中立态度，而中年人则持负面态度，表示不太希望当地媳妇学说重庆话。四位家庭成员中，除了青年人表示无所谓外，其他人在主观上都希望重庆话能在移民中保留下去。但当让他们预测重庆话未来的发展趋势时，四人都一致认为重庆话会逐渐消失。可见，虽然移民对于自己的母语有深厚的感情，并且希望母语能世代相传下去，但是他们也意识到现实情况并不乐观，对于母语未来的发展持消极态度。

六 对普通话和当地话的学习态度

在调查中，家庭成员都认为掌握普通话、重庆话、当地话是有用的。但除了老年人，其他三人都认为掌握普通话非常有用；认为掌握重庆话非常有用的有两个人，分别是老年女性和青年人；而认为掌握当地话非常有用的只有青年人一个。在学习普通话的态度上，老年男性持消极态度，表示不太愿意学习普通话；老年女性持中立态度，顺其自然；而中年人和青年人持积极态度，表示愿意学习普通话。在学习当地话的态度上，老年男性仍然持负面、消极态度；青年人则持正面积极态度，表示愿意学习当地话；

而老年女性和中年人则持中立态度。虽然自己在学习普通话和当地话的态度上各不相同,但是他们对移民后代学习普通话和当地话都持正面积极态度。

七 对普通话、当地话、重庆话的主观评价

我们分别从情感、地位和适用三个方面就移民家庭对普通话、重庆话和当地话的主观评价进行调查,在问卷中我们分别用"好听""文雅""用处多"为标尺,用完全反对、反对、不确定、同意、完全同意五级来测量情感评价、地位评价和适用评价。具体调查结果如下:

表4—22　　　　　　　　　　语言主观评价表

		完全反对(1) → (5)完全同意		
		普通话	重庆话	当地话
A1	好听	4	5	2
	文雅	4	5	1
	用处多	4	5	2
A2	好听	4	5	2
	文雅	5	3	2
	用处多	5	4	2
A3	好听	4	5	2
	文雅	5	3	2
	用处多	5	3	4
A4	好听	5	2	3
	文雅	5	3	2
	用处多	5	3	4

从表4—22可以看出,无论是情感评价还是地位评价或者适用评价,老年男性在这三方面对重庆话的评价都是最高的,对普通话的评价略低于重庆话,而对当地话的评价则最低。老年女性认为重庆话最好听,而普通话则最文雅,用处最多,她对当地话的评价也是最低的。中年人同样对重庆话的情感评价最高,而在地位和适用方面,认为普通话地位最高,适用面最广。值得注意的是,中年人认为当地话要比重庆话的用处大。老年人

和中年人对重庆话有较深的感情,但老年人的生活范围比较窄,生活圈子固定,重庆话基本能满足他们的日常交际需求,但中年人因为生活和工作的需要,他们的社交圈子比老年人大得多,接触的人也多,他们的交际范围不局限于移民社区中,所以重庆话远不能满足他们的交际需要,在日常交际中普通话和当地话的通行范围更大。青年人在情感评价、地位评价和适用评价上都认为普通话最高,并且对于当地话的情感评价和适用评价都高于重庆话,认为当地话比重庆话好听,当地话比重庆话用处多,青年人对重庆话的情感没有老年人和中年人强烈,而长时间的学校教育,也使得他们对于普通话的认同度更大;另一方面当地话是强势方言,其背后代表的经济文化上的优越感会对青年人产生强烈的吸引力,随着时间的延长,青年人对于当地话的主观评价会逐渐高于他们的母语。

八 适应性调查

移民在安置地必然会遇到各种各样的问题和不适应,在调查中发现,老年男性对于安置地的语言、气候、饮食和人际关系都感到不适应,而老年女性和中年人感到最不适应的就是语言方面,但青年人对于安置地则没有不适应的地方。在因为语言问题而遇到的困扰中,除了青年人外,老年人和中年人都表示因为语言不通使他们不方便与周围居民聊天交流感情。老年男性和中年人认为因为语言不通,他们在工作时受到限制和影响。四位家庭成员中,只有老年男性表示因为语言不通而感觉受到孤立,无法融入当地生活,也只有老年男性有因为语言不通而常有回老家去的想法。另外,青年人认为自己学习成绩受到语言不通的影响。家庭成员中,除了青年人认为无所谓外,其他人都希望当地人与他们交流时使用普通话,而在实际交际中,老年人和中年人都反映移民不是很愿意用普通话与他们进行交流,当地人对普通话的这种态度也增加了移民与当地人的交流障碍,相比较来说,青年人则表示当地人愿意用普通话与之进行交流,这主要是因为青年人接触的很多都是与之年龄相仿的当地人,他们的文化水平较高,普通话能力较强,对于普通话有较强的认同感,也愿意用普通话交流。移民都认为政府应该对语言问题进行相关指导,但是实际上,据家庭成员反映,他们并没有接受过相关的指导。

第五章 三峡移民语言与社会网络分析

第一节 社会网络分析

一 社会网络分析概述

社会网络指的是社会行动者（social actor）及其之间的关系的集合。也可以说，一个社会网络是由多个点（社会行动者）和各点之间的连线（行动者之间的关系）组成的集合。用点和线来表达网络，这是社会网络的形式化界定。[①]

社会网络分析（social network analysis，简称 SNA）产生于 20 世纪 30 年代，最早由英国著名人类学家 R. 布朗提出，后来逐步引入心理学、社会学、经济学、统计学、信息科学等领域，与之相关的社会网络分析概念、理论、技术和方法也逐渐完善和成熟，社会网络分析也从一种隐喻成为一种现实的研究范式，[②] 现在它已是社会科学领域中非常重要的研究方法，被广泛应用到数据挖掘、统计分析、信息传播等方面。

社会网络分析假定：在互动的单位之间存在的关系非常重要。这种关系是资源传递或信息流动的"渠道"；既可能为个体的行动提供机会，也可能限制其行动。[③] 社会网络主要研究人与人的社会关系，关注的是关系与关系的结构，分析的数据是关系数据（relational data）即关于联系、接触、联络或者聚会等方面的数据，而不同于传统的属性数据（关于行动者的自然情况、态度、观点以及行为等方面的数据，它们一般被视为个人

[①] 刘军：《社会网络分析导论》，社会科学文献出版社 2004 年版，第 4 页。

[②] 裴雷、马费成：《社会网络分析在情报学中的应用和发展》，《图书馆论坛》2006 年第 6 期。

[③] 魏顺平：《社会网络分析及其应用案例》，《现代教育技术》2010 年第 3 期。

或者群体所具有的财产、性质、特点等属性），① 通过网络分析我们可以探究隐藏在复杂社会关系背后的网络结构及其特点，以及每种特定的网络模式对人们行动的影响。

每个社会网络都是由若干社会行动者及其关系构成，社会网络分析可以把这些复杂的社会关系用直观的网络构型显示出来，例如社会网络图中的点数代表特定网络群体中的人数，他们是信息的发出者和接受者，点数的多少反映群体的规模；箭头的指向代表信息传递的方向；线条的粗细代表关系的强弱；线条的多少代表联系的数量，数量越多，联通性越好，它对个体的影响力越大。除此之外社会网络还可以研究群体内的网络密度、凝聚力、子群关系、中心性等方面的内容。

二 社会网络分析与语言研究

随着社会网络理论和研究方法的完善，社会网络的研究成果越来越多，社会语言学也已把社会网络分析引入语言学的研究，至今已有三十多年的时间，许多学者也在运用这一方法研究语言现象，并获得了丰富的成果，但到目前为止，我们看到很少有中国学者利用网络分析方法研究中国的语言问题，我们看到的更多的是国外学者的研究成果。米尔罗伊在20世纪70年代首先使用网络分析研究北爱尔兰贝尔法斯特地区英语方言的差异与变化，他们在研究中关注网络结构的密度和复合度，通过定量分析可以检查社团之间的异同及同一社团成员之间的异同。在研究中还设计出一个"网络强度尺度"（network strength seale，简称 NSS），用以计算每个人在网络中的地位及其社会网络与其语言特征之间的关系。② 李嵬（1994）在研究英国华语社区的语言选择和语言转换时，结合网络分析法对 58 位被调查人的语言选择和使用能力进行了详细的研究，在研究中作者把网络分成三类：交换网、接触网、隐约网。交换网，包括与说话者有经常的和直接的接触，相互交换信息，给予物质上和精神上的支持等的关系；接触网，指与说话者有经常的和直接的接触，但相互之间不给予物质

---

① 刘军：《整体网分析讲义——UCINET 软件应用》，第二届社会网与关系管理研讨会资料，哈尔滨：哈尔滨工程大学社会学系，2007 年 1 月。

② ［英］莱斯利·米尔罗伊等：《社会语言学中的"网络分析"》，《国外语言学》1995 年第 2 期。

上和精神上的支持等的关系；隐约网，包括那些与说话者互换信息并给予物质上和精神上的支持等，但却不能经常的和直接的接触关系。① 作者把不同网络进行统计，然后计算其不同族裔、不同代人之间的比例，并用于社会网络的类别和内容的对比以及社会网络与语言使用的对比，以此来揭示华人社团内部三代人的社会网络与语言使用、语言能力之间的关系。

三　三峡移民社会网络分析研究方法

三峡移民从重庆迁居到江浙地区后，他们的方言虽然会受到当地方言的影响而发生变化，但由于每个人的生活环境不同使得他们的方言变化呈现出不同的特点，要对移民的语言变化有更客观的研究我们就必须结合其生活环境进行考察，而社会网络就是反映其生活环境的重要指标。三峡移民所形成的言语社团与李嵬在《三代双语一家人》中所研究的旅英华人社团类似，他们在当地都有三代人且都有在当地出生的新移民，虽然三峡移民三代的语言差异没有旅英华人那么大，但差异也已经显现并开始逐渐变大，这种不同的变化速度和方向跟他们时刻所处的环境和社交网络有密切的关系，我们可以通过社会网络分析研究其与语言变化的关系。本书借鉴李嵬《三代双语一家人》中的研究方法，把移民的社会网络分为交换网、接触网、隐约网三种类型，并由被调查者列举每类的人数以及其中的移民与当地人、同村与否的比例。这样我们就可以了解每个移民社会网络的特点并与其语言选择、语言态度与能力做定量分析。

第二节　移民交换网与语言使用

一　移民交换网概况

交换网，包括与说话者有经常的和直接的接触，相互交换信息，给予物质上和精神上的支持等的关系，亲戚和朋友都属于交换网成员。②

---

① Li Wei, *Three Generations, Two Languages, One Family*, Clevedon: Multilingual Matters, 1994, p. 34.

② Ibid., p. 35.

表 5—1　　　　　不同年龄段三峡移民交换网关系数量分布表

年龄	类型	移民 总数	移民 本村	当地人 总数	当地人 本村
老年人	均值	6	5	4	4
	总数	357	266	237	213
中年人	均值	8	4	8	4
	总数	931	522	896	493
青年人	均值	4	3	6	3
	总数	206	171	315	156
汇总	均值	7	4	6	4
	总数	1494	959	1448	862

根据实际调查来看，225位移民共有2942条交换关系，其中移民之间为1494条，移民与当地人之间为1448条。平均每人有7条移民关系，6条当地人关系。从年龄来看，老年人的交换网中，当地人比例最少，人均为4条，且都集中在安置村内部；青年人的交换网中移民所占比例在三代中最少，人均为4人，且本村的就占3条，而当地人的比例高于老年人低于中年人，为6条，且本村人只占3条；中年人的交换网中，移民人数与当地人的比重在老中青三代中都最高，人均为8条，且本村内部与外部关系呈对等分布，这说明中年人作为社会生活的主体，家庭的主要支柱，他们的社会活动半径最大，在各种社会关系中均处于活跃状态，他们到了安置地后，为了尽快地稳定下来并融入当地生活，必须结交各种关系，为自己提供物质和精神支持，这就使得他们的社会网络不仅局限于移民及本村内部。而老年人生活单一，社会化需求不高，且受到语言不通的困扰，使得他们的活动更多地局限于移民内部和本村人之间。而青年人由于很多都是在当地出生，这使得他们的原生关系都是在安置地建立起来的，同时他们目前都处于求学状态，这也使得他们能结交到更多的外村当地人。

总体来说，男性和女性交换网中移民的比重相同，人均为7条，其中属于同一个村的均为4条；且在交换网中本村人都要比外村多，可见移民内部关系紧密，同质性较高。但交换网中当地人的比重男性与女性的表现略有不同，女性的数量比男性略多，女性平均为7条，而男性移民则为6

条,但女性所结交的当地人中外村的比重也略高于男性。

表5—2　　　　不同性别三峡移民交换网关系数量分布表

性别	类型	移民 总数	移民 本村	当地人 总数	当地人 本村
男性	均值	7	4	6	4
	总数	837	524	782	472
女性	均值	7	4	7	4
	总数	657	435	666	390

二　交换网与目前语言使用类型

表5—3　　　　交换网中的目前语言使用类型分布表

类别	语言类型	平均数 总数/本村	总和 总数/本村	总和百分比 总数/本村	人数	总人数百分比
移民	C	4.7/4.0	109/92	7.3/9.6	23	10.2
	CP	7.7/4.7	705/432	47.2/45	92	40.9
	CPD	6.2/4.0	680/435	45.5/45.4	110	48.9
	总计	6.6/4.3	1494/959	100/100	225	100
当地人	C	2.8/2.7	64/62	4.4/7.2	23	10.2
	CP	5.8/4.2	536/387	37.0/44.9	92	40.9
	CPD	7.7/3.8	848/413	58.6/47.9	110	48.9
	总计	6.4/3.8	1448/862	100.0%	225	100

C＝重庆话；P＝普通话；D＝当地话

225位移民在目前可使用交流的语言这一问题上共有三种类型：单语（只使用重庆话）；双语（使用普通话和重庆话）；三语（普通话、重庆话和当地话）。在被试的交换网中,移民的总量为1494个,其中本村为959个,占64%；当地人的总量为1448人,其中本村为862人,占60%。具体来看,在23位单语移民中,他们交换网中移民的数量平均为5个,其中4个是属于同一安置村的移民,占比为80%。而当地人数量的平均为3个,且都是本村人。能使用双语的人为92人,他们交换网中移民的数量平均为8个，其中本村为5个，占比为63%；而当地人数量的均值为6，其中本村为4个，占比为67%。使用三语的人共110人，他们交换网中移民数量平均为6个，而本村为4个，占比为67%，但这一类型的内部差异较大，调查样本中有6位被试交换网中移民的数量为最小值2，并有5位被试交换网中移民的数量为最大值15；而他们交换网中当地人的数量平均为8个，其中本村人为4个，占比为50%。总的来说，三峡移民交换网中移民的比重（sig = 0.001 < 0.05）、当地人的比重（sig = 0.000 < 0.05）以及交换网中本村当地人的比重（sig = 0.011 < 0.05）都对移民目前的语言使用类型有显著影响。只使用重庆话的人交换网规模最小，无论是移民人数还是当地人的人数均最少。而交换网中移民数量最多的为双语人，平均为6个；当地数量最多的为三语人，平均为8个。同村移民比重由多到少分别为单语人、三语人、双语人，而同村当地人比重由多到少分别为单语人、双语人、三语人。单语人、双语人交换网中移民的数量均比当地人多，而三语人交换网中当地人数量则超过移民的数量。

三 交换网与语言使用水平

语言使用水平反映说话者掌握一门语言的实际情况，我们把语言使用水平分为六个评价等级，即：能流利准确地使用，记为A；较流利使用，记为B；基本能交谈但不是很熟练，记为C；能听懂但不太会说，记为D；不太能听懂且不太会说，记为E；完全听不懂也不会说，记为F。这里分别就移民的重庆话水平、普通话水平和当地话水平与交换网的特点和相互影响进行分析。

表5—4　　　　　　　交换网中的语言使用水平分布表

语言使用水平		重庆话		普通话		当地话	
		移民	当地人	移民	当地人	移民	当地人
		总数/本村	总数/本村	总数/本村	总数/本村	总数/本村	总数/本村
A	平均数	6.87/4.30	6.44/3.93	6.58/4.21	7.28/3.77	4.31/3.69	5.88/3.06
	样本量	202	202	128	128	16	16
	总和	1387/868	1301/794	842/539	932/482	69/59	94/49

续表

语言使用水平		重庆话 移民 总数/本村	重庆话 当地人 总数/本村	普通话 移民 总数/本村	普通话 当地人 总数/本村	当地话 移民 总数/本村	当地话 当地人 总数/本村
B	平均数	4.70/3.50	7.20/3.10	8.02/4.24	7.22/4.74	4.88/3.58	7.02/3.40
B	样本量	10	10	54	54	40	40
B	总和	47/35	72/31	433/229	390/256	195/143	281/136
C	平均数	3.40/3.00	6.00/2.80	5.96/4.83	3.48/3.48	6.86/4.14	8.51/4.20
C	样本量	5	5	23	23	49	49
C	总和	17/15	30/14	137/111	80/80	336/203	417/206
D	平均数	5.38/5.13	5.63/2.88	4.10/4.00	2.30/2.20	8.16/4.74	6.24/4.34
D	样本量	8	8	20	20	96	96
D	总和	43/41	45/23	82/80	46/44	783/455	599/417
E	平均数	0	0	0	0	4.94/4.19	2.56/2.38
E	样本量	0	0	0	0	16	16
E	总和	0	0	0	0	79/67	41/38
F	平均数	0	0	0	0	4.00/4.00	2.00/2.00
F	样本量	0	0	0	0	8	8
F	总和	0	0	0	0	32/32	16/16
总计	平均数	6.64/4.26	6.44/3.83	6.64/4.26	6.44/3.83	6.64/4.26	6.44/3.83
总计	样本量	225	225	225	225	225	225
总计	总和	1494/959	1448/862	1494/959	1448/862	1494/959	1448/862

三峡移民交换网中移民的比重（sig＝0.000＜0.05）、同村移民的比重（sig＝0.001＜0.05）及同村当地人的比重（sig＝0.010＜0.05）都对移民的重庆话使用水平有显著影响。具体来看，90%的被调查人都能流利使用重庆话，而他们交换网中移民数量最多，平均为7个，当地人的数量也较多为6人，仅比第一名低1人，而重庆话水平为较流利使用、基本能交谈和能听懂的人其交换网中的移民基本都为本村移民，而网络中的当地人有一半或一半以上均为村外人，且移民数量均比当地人要少，其中基本

能交谈的人的网络中当地人数量最多,平均为 7 个,与移民的数量差异也最大。同村移民的比重随着重庆话水平的降级而提高。总之,随着交换网中移民总量的减少、同村移民和外村当地人比重增加,移民的重庆话呈下降趋势。

根据统计分析,三峡移民交换网中移民的比重($sig=0.000<0.05$)、交换网中当地人的比重($sig=0.000<0.05$)及同村当地人的比重($sig=0.000<0.05$)都对移民的普通话使用水平有显著影响。从具体数据的分布来看,仅能听懂普通话的人其交换网中移民和当地人的数量都是最低,随着普通话水平从能听懂逐步提高到较流利阶段,被试交换网中移民的数量逐步提高,并达到最高点,平均 8 人,而外村移民的数量也从 0 人提高到 4 人,但与其他不同的是其交换网中当地人的数量比移民的数量多。普通话非常流利的人的网络中移民人数略有下降,约为 7 人,外村移民也略有降低,为 3 人。被试交换网中当地人的数量随着普通话水平的降低逐步降低,最高为能熟练使用普通话的人,约为 7 人,最低为能听懂但不太会说的人,约为 2 人,而外村当地人的比重也呈下降趋势,分别为 4、3、0、0,即基本能交谈和能听懂的人交换网中的当地人基本都为同村人。总之,移民的普通话水平呈上升趋势。

三峡移民交换网中移民的比重($sig=0.000<0.05$)、同村移民的比重($sig=0.000<0.05$)、当地人的比重($sig=0.000<0.05$)及同村当地人的比重($sig=0.000<0.05$)都对移民的当地话使用水平有显著影响。移民当地话的水平差异较大,情况也较多,共有六种。从数量来看,交换网中移民总量在当地话使用情况上呈中间高两边低的分布,同村移民量的分布为中间低两边高,能听懂的人数最多,其交换网中移民总数以及同村移民量最大,分别为 8 位和 5 位;其次为能基本交谈的人,移民总数以及同村移民量约为 7 位和 4 位。随着当地话水平的逐步提高,移民总数和同村移民数也逐渐降低,并趋同,即交换网中的移民基本都是同村移民。能基本交谈的人与当地人的关系最密切,人数最多,约为 9 个,随着当地话水平的提高,交换网中当地人数量略降低 1—2 位,但外村人约占一半;而不太能听懂和完全听不懂的人中其降幅较大,其交换网中仅有 2—3 位当地人且都是同村人。另外值得注意的是,移民的当地话水平属于能听懂及以上的其交换网中的当地人数量都比移民多。

四　交换网与语言使用模式

表 5—5　　　　　　　　交换网中的语言使用模式分布表

语言使用模式		家庭		非移民		当地	
		移民	当地人	移民	当地人	移民	当地人
		总数/本村	总数/本村	总数/本村	总数/本村	总数/本村	总数/本村
C	平均数	6.22/4.13	6.45/3.93	6.54/4.20	6.25/3.95	4.74/4.00	2.78/2.70
	样本量	199	199	169	169	23	23
CP	平均数	11.05/5.43	6.43/3.29	7.71/4.57	7.52/3.60		
	样本量	21	21	42	42		
P	平均数	5.00/4.80	6.00/2.00	5.00/4.80	6.00/2.00	7.48/4.62	5.76/4.10
	样本量	5	5	5	5	91	91
CPD	平均数			5.50/4.50	5.00/4.67		
	样本量			6	6		
CD	平均数			2.00/2.00	5.00/2.00		
	样本量			3	3		
PD	平均数					7.23/4.31	8.07/4.05
	样本量					74	74
D	平均数					4.57/3.46	7.11/3.43
	样本量					37	37
总计	平均数	6.64/4.26	6.44/3.83	6.64/4.26	6.44/3.83	6.64/4.26	6.44/3.83
	样本量	225	225	225	225	225	225

C=重庆话；P=普通话；D=当地话

三峡移民的语言使用类型共有 7 种，在与家庭成员进行交流时共采用 3 种模式，其中只使用重庆话的人数最多，为 199 人；使用重庆话和普通话共用模式的为 21 人，只使用普通话模式的为 5 人。在所调查的被试中，使用重庆话和普通话共用模式的人其交换网中移民人数最多，人均约为 11 人；其次为重庆话模式，人均为 6 人；再次为普通话模式，人均为 5 人。被试中使用重庆话和普通话共用模式的人交换网中外村移民人数最多，11位关系密切的移民中有6位居住在其他村，说明这些人在移民群体中非常活跃，交际面较广。其次为使用重庆话模式的人，人均约有2位为外村移民；而使用普通话的人交换网中的移民基本均为本村人，说明这类人年龄较小，且均为学生，他们在移民群体中最不活跃。从交换网中的当地人比重来看，三种模式差异不大，但随着使用模式逐步向普通话演变，其外村当地人的比重逐渐加大，在P模式中6位当地人中有4位为外村人，占67%。另外在三种模式中只有使用普通话模式的人的交换网中当地人比重超过移民。从统计分析来看，三峡移民交换网中移民的比重（sig = 0.000 < 0.05）、同村移民的比重（sig = 0.000 < 0.05）、当地人的比重（sig = 0.000 < 0.05）及同村当地人的比重（sig = 0.000 < 0.05）都对移民的家庭语言使用模式有显著影响。

在移民社区内部的语言选择模式共有5种，使用人数最多的为C模式，共169人，其次为CP模式，共42人。而交换网中移民人数最多为使用CP模式的人，人均约8人；其次为C模式，人均为7人；再次为CPD和P模式，分别为6人和5人；最少的为使用CD模式的人，人均为2人。从外村移民的数量来看，除了使用重庆话及重庆话和普通话共用两种模式的人在其交换网中约有3个外村移民，其他模式中的移民基本均为本村移民。交换网中当地人的数量最多的仍为使用CP模式的人，人均约8人；其次为使用C模式和P模式的人，人均约6人；再次为使用CPD和CD模式的人，人均约5人。而交换网中外村当地人最多的为使用CD和P模式的，约占60%以上；其次为使用重庆话和普通话共用模式的人，约占50%以上；而使用三语模式的人交换网中的当地人基本以本村人为主。在上述5种模式中，只有使用重庆话模式和重庆话当地话共用模式的人交换网中当地人的比重超过移民，其中后者网络中移民为2人而当地人则为5人，差异最大。从统计分析来看，三峡移民交换网中移民的比重（sig = 0.000 < 0.05）、同村移民的比重（sig = 0.001 < 0.05）、当地人的比重（sig = 0.027 < 0.05）及同村当地人的比重（sig = 0.000 < 0.05）都对移民的家庭语言使用模式有显著影响。

三峡移民在与当地人交流时采用了4种模式。其中使用人数最多的为P模式，共91人；其次为PD模式，共74人；使用以上两种类型的人其交换网中移民的数量也分别居于第一位和第二位，约为8人和7人。使用当地话模式和重庆话模式分别为 37 人和 23 人，其交换网中移民的人数约为 5 人。而从外村移民的数量来看，使用 PD 模式的人交换网中外村人最多，约占 43%；D 模式、P 模式和 C 模式分别为 40%、29%、20%。从交换网中当地人的比重来看，使用 PD 模式和 D 模式的人交换网中当地人比重居前两位，分别为 8 人和 7 人，其中均有 3 人为外村人；其次为 P 模式和 C 模式，分别为 6 人和 3 人，而外村人分别为 2 人和 1 人。根据统计分析，三峡移民交换网中移民的比重（sig = 0.000 < 0.05）、同村移民的比重（sig = 0.000 < 0.05）、当地人的比重（sig = 0.000 < 0.05）及同村当地人的比重（sig = 0.000 < 0.05）都对移民的家庭语言使用模式有显著影响。

五　交换网与语言主观评价

语言态度是由人们在社会认同和社会环境等因素的影响下，对有关语言文字的知识、感情和行为倾向等因素组成的一种语言心理现象，它主要反映的是语言人的主观愿望、看法和评价。它对人们的语言选择、语言能力、语言行为有着深刻的影响，而人们的语言态度也受很多因素的影响和制约。这里分别从情感、地位和适用三个方面就三峡移民对普通话、重庆话和当地话的主观评价以及与交换网的相互影响进行研究，探讨其相互关系。在问卷中我们分别用完全反对（1）、反对（2）、不确定（3）、同意（4）、完全同意（5）五级刻度来测量情感评价、地位评价和适用评价。

表 5—6　　　　　　　　交换网中的语言情感评价分布表

情感评价		普通话		重庆话		当地话	
		移民	当地人	移民	当地人	移民	当地人
		总数/本村	总数/本村	总数/本村	总数/本村	总数/本村	总数/本村
1	平均数					6.38/4.44	5.66/3.81
	样本量					32	32
2	平均数			6.20/4.08	9.32/3.92	6.62/4.20	6.07/3.77
	样本量			25	25	149	149
3	平均数	6.09/4.45	4.91/3.91	7.11/4.36	6.21/3.43	7.39/4.61	7.03/3.97
	样本量	22	22	28	28	33	33

续表

情感评价		普通话		重庆话		当地话	
		移民	当地人	移民	当地人	移民	当地人
		总数/本村	总数/本村	总数/本村	总数/本村	总数/本村	总数/本村
4	平均数	6.49/4.16	7.00/3.97	6.69/4.31	6.19/3.85		
	样本量	76	76	142	142		
5	平均数	6.83/4.29	6.36/3.73	6.33/4.10	5.40/4.07	5.36/3.55	11.91/4.27
	样本量	127	127	30	30	11	11

根据统计分析，只有三峡移民交换网中当地人的比重（sig = 0.004 < 0.05）对移民的普通话的情感评价有显著影响。从表5—6中可以看出，绝大多数的三峡移民都认为普通话好听，且不确定、同意和完全同意三类被试交换网中移民及同村移民的比重差别不大，但认为不确定的被试其交换网中的当地人最少，平均为5人，其中4人为同村。而认为普通话好听的移民交换网中当地人数量比移民多，且最多约为7人，其中3人为外村人。

被试对重庆话的情感评价89%的人持中立或肯定态度，其中持完全同意意见的人的交换网中移民及当地人的数量均比其他两类略低。值得注意的是，有25人持负面态度，认为重庆话不好听，占11%，这些人的交换网也与上述三种有明显差异，他们交换网中移民数量最低，但当地人数量很高，平均为9人，且有5人为外村人。

在对当地话的情感评价中，80%的人认为不好听，这些人交换网中移民数量平均为7个，当地人为6个，其中本村均为4人；持中立态度的为33人，交换网中移民及当地人数量相同，均为7人，但移民中的同村人比当地人多。而持负面态度的为11人，仅占5%，但其交换网中当地人数量达12个，比移民数量多一倍以上，且80%的移民为同村人，而当地人中只有42%的人为同村人。

三峡移民对普通话的地位评价受交换网中当地人比重（sig = 0.000 < 0.05）、本村当地人比重（sig = 0.000 < 0.05）的影响较为显著。根据分析，有两位被试认为普通话地位低，他们交换网中移民和当地人数量最少且都为同村人；另外除20人持中立态度外，其他人均为正面态度，即认为普通话地位高或非常高，这些人的交换网中移民数量最高约为7个。而

当地人数量最多的为认同普通话地位高的人,平均约为 8 个,接下来依次为持中立态度及非常认可态度的人,分别约为 7 个和 6 个,而他们当中外村人的数量均为 4 个。

表 5—7　　　　　　　　交换网中的语言地位评价分布表

地位评价		普通话		重庆话		当地话	
		移民	当地人	移民	当地人	移民	当地人
		总数/本村	总数/本村	总数/本村	总数/本村	总数/本村	总数/本村
1	平均数			7.17/4.52	6.17/3.69	4.00/4.00	2.00/2.00
	样本量			29	29	8	8
2	平均数	4.00/4.00	2.00/2.00	6.71/4.25	6.71/3.91	7.29/4.57	5.71/4.86
	样本量	2	2	154	154	7	7
3	平均数	6.20/4.10	6.50/4.00	6.33/4.17	6.19/3.92	6.81/4.43	6.38/3.81
	样本量	20	20	36	36	68	68
4	平均数	7.30/4.39	7.70/4.41	4.00/4.00	2.00/2.00	6.50/4.16	6.28/3.60
	样本量	56	56	6	6	114	114
5	平均数	6.48/4.24	6.01/3.61			7.39/4.29	8.64/5.11
	样本量	147	147			28	28

就重庆话而言,三峡移民交换网中移民的比重(sig = 0.038 < 0.05)、当地人的比重(sig = 0.000 < 0.05)及同村当地人的比重(sig = 0.006 < 0.05)都对其地位评价有显著影响。有 81% 的移民认为重庆话地位不高,他们交换网中移民数量最多,人均约为 7 个,而其中非常认可的人其交换网中同村移民最多,约有 71% 的移民为同一村,较为认可地位的人其交换网中当地人比重最高。对重庆话地位持负面和中立态度的人同村移民比重相当,约为 4 人。只有 3% 的人认为重庆话地位较高,他们交换网中移民和当地人数量最少且都为同村人。

对当地话地位评价有显著影响的同样为交换网中移民的比重(sig = 0.015 < 0.05)、当地人的比重(sig = 0.000 < 0.05)及同村当地人的比重(sig = 0.000 < 0.05)。从具体统计来看,63% 的移民认为当地话的地位高,7% 的移民认为当地话的地位不高,其交换网中移民和当地人的数量

平均相差 1.5 人和 3.5 人，其中非常认同和非常不认同代表两个极端，其移民数量分别为 7 人和 4 人，外村人数分别为 3 人和 0 人，当地人的数量分别为 9 人和 2 人，外村人数分别为 4 人和 0 人。

表 5—8　　　　　　　交换网中的语言适用评价分布表

适用评价		普通话		重庆话		当地话	
		移民	当地人	移民	当地人	移民	当地人
		总数/本村	总数/本村	总数/本村	总数/本村	总数/本村	总数/本村
1	平均数			6.74/4.44	7.19/3.93	4.94/4.31	3.50/3.00
	样本量			27	27	16	16
2	平均数			7.12/4.31	6.61/4.07	7.00/4.14	6.38/4.43
	样本量			83	83	21	21
3	平均数	5.50/4.50	5.50/3.39	6.56/4.13	6.64/3.74	6.73/4.03	6.35/3.88
	样本量	28	28	99	99	40	40
4	平均数	6.90/4.41	6.46/4.10			6.70/4.28	6.77/3.61
	样本量	81	81			101	101
5	平均数	6.73/4.10	6.65/3.75	4.50/4.50	3.00/3.00	6.85/4.47	6.81/4.28
	样本量	116	116	16	16	47	47

根据统计分析，三峡移民交换网中移民的比重（sig = 0.036 < 0.05）及同村当地人的比重（sig = 0.036 < 0.05）都对移民的普通话的适用性评价有显著影响。从具体调查来看，除 28 人持中立态度外，其他移民均认为普通话的适用范围广，其交换网中的移民和当地人比重均为 7 位，而本村的移民和当地人为 4 位，比中立者略高。交换网中外村移民和当地人数量越多，表明被试活动范围大，交际广泛，对普通话的重要性越认可，其评价也就越高。

对重庆话的适用性评价有显著影响的为交换网中移民的比重（sig = 0.002 < 0.05）、当地人的比重（sig = 0.000 < 0.05）及同村当地人的比重（sig = 0.023 < 0.05）。被试中认为重庆话适用范围不广的人最多，为 110 人，其次为中立者，为 99 人，认为重庆话适用范围广的为 16 人。随着对重庆话适用评价的提高，被试的交换网中移民和当地人的数量逐渐减少，

从 7 人降到 5 人和 3 人,且外村人也从 3 人降到 0 人。且完全认同重庆话不好听的人及持中立意见的人交际网中当地人数量均超过移民。总之,交际网越小,其中移民比当地人数量越多,同村人比重越大,其交换网的密度越大且单一,并倾向于移民内部交际,这些都使得他们交流时以重庆话为主,其对重庆话的适用性评价越高。

对当地话的适用性评价有显著影响的为交换网中当地人的比重(sig = 0.000 < 0.05)及同村当地人的比重(sig = 0.001 < 0.05)。从具体统计来看,对当地话评价最低的为 16 人,约为 7%,其交换网中移民与当地人数约为 5 位和 4 位,其中均有 1 位为外村人,66% 的移民认为当地话适用性更广,这些人交换网中移民及当地人总数均约为 7 人,外村人约为 3 人。

第三节 移民接触网与语言使用

一 移民接触网概况

接触网,指与说话者有经常的和直接的接触,但相互之间不给予物质上和精神上的支持等的关系;售货员或顾客是接触网成员中的一种。[①]

表 5—9　　　　不同年龄三峡移民接触网关系数量分布

年龄	类型	移民 总数	移民 本村	当地人 总数	当地人 本村
老年	均值	11	5	13	8
	总数	66	298	751	496
中年	均值	15	5	22	10
	总数	1754	587	2545	1166
青年	均值	7	4	33	7
	总数	365	203	1617	353
汇总	均值	12	5	22	9
	总数	2788	1088	4913	2015

---

① Li Wei, *Three Generations, Two Languages, One Family*, Clevedon: Multilingual Matters, 1994, p. 35.

225位三峡移民接触网中共有7701人，其中有2788位移民，4913位当地人，分别占36%和64%。老年人经常接触的移民平均有11人，其中5人为本村人，占45%，当地人平均有13人，本村为8人，占62%。中年人经常接触的移民平均有15人，本村人占33%，当地人平均有22人，本村人占45%。青年人接触网中移民平均为7人，本村人约为57%，当地人平均有33人，本村人占21%。从调查结果来看，中年人平时接触的移民数量最多，青年人最少，但老年人接触的当地人数量最少，而青年人最多。从本村人比例来看，青年人接触的移民中本村人比例最高，约为一半以上，而中年人最少；但老年人接触的当地人中本村人比例最高，占一半以上，青年人最少。中年人因为工作生活的需要，既要结交移民同时也要结交当地人，所以这两类人在中年人中数量虽均较多，但又不局限于本村内部。但我们调查中遇到的青年人多为安置地出生，且由于移民的分散安置的政策，使得他们生活中遇到移民数量最少且多局限于同村，同时他们多为学生，所以接触网中大多为一个班的同学，所以数量上较中年人多，外村人数量也最多。而老年人出于对故乡的思念，对当地生活的不适应以及语言等方面的阻碍，使得他们的接触更多局限于移民内部，当地人数量最少且局限于本村内部。

表5—10　　　　不同性别三峡移民接触网关系数量分布表

性别	类型	移民 总数	移民 本村	当地人 总数	当地人 本村
男性	均值	13	5	24	10
男性	总数	1644	636	2962	1181
女性	均值	11	4	19	8
女性	总数	1144	452	1951	834

总的来看，男性和女性在日常生活中接触的当地人均比移民多。由于男性交际范围普遍比女性广泛，所以男性接触网中移民数量和当地人数量均比女性多，且同村人的比重男性也略高于女性。

二 接触网与目前语言使用类型

表 5—11　　　　　移民接触网中的目前语言使用类型分布表

类别	语言类型	平均数 总数/本村	总和 总数/本村	人数
移民	C	9.35/6.04	215/139	23
	CP	14.04/4.74	1292/436	92
	CPD	11.65/4.66	1281/513	110
	总计	12.39/4.84	2788/1088	225
当地人	C	12.35/8.96	284/206	23
	CP	17.37/9.24	1598/850	92
	CPD	27.55/8.72	3031/959	110
	总计	21.84/8.96	4913/2015	225

C＝重庆话；P＝普通话；D＝当地话

　　三峡移民接触网中移民的比重（sig＝0.000＜0.05）、本村移民的比重（sig＝0.018＜0.05）和当地人的比重（sig＝0.000＜0.05）都对移民目前的语言使用类型有显著影响。225位被试中使用重庆话的人最少，为10%，他们接触网中移民和当地人比重均最少，但同村人比重最大，分别为67%和75%，而使用三语的人数最多，为49%。使用双语模式的人接触网中移民人数最多，约为14人，其次为使用三语模式的人，约为12人，以上两类接触网中本村移民均为5人，占比分别为36%和42%。随着使用语言类型的增加，移民接触网中当地人的比重也逐步增加，从平均12人增加到28人，而同村人比重逐渐降低，分别为73%、53%和41%，外村人的数量也呈上升趋势，从3人增加到19人。

三 接触网与语言使用水平

　　三峡移民接触网中移民的比重（sig＝0.000＜0.05）、当地人的比重（sig＝0.000＜0.05）都对移民重庆话使用水平有显著影响。三峡移民重庆话使用水平与其接触网中移民数量成正比，与当地人数量成反比。重庆话使用水平越高的人其经常接触的移民就越多，经常接触的当地人就越少。能流利使用重庆话的人其接触网中移民数量最多，约为13人，而基本能交谈和能听懂的人其接触网中移民数量最少，约为8人。仅能听懂但不太会说重庆话的人其接触网中的当地人数量最多，为35人，其中仅有23%的同村人，而能熟练使用重庆话的人接触的当地人最少，为21人，其中有43%的同村人，即同村当地人的比例也与重庆话水平成反比。

表5—12　　　　　　　接触网中的语言使用水平分布表

语言使用水平		重庆话		普通话		当地话	
		移民	当地人	移民	当地人	移民	当地人
		总数/本村	总数/本村	总数/本村	总数/本村	总数/本村	总数/本村
A	平均数	12.84/4.87	20.81/9.03	11.58/4.59	25.35/7.98	8.19/4.56	35.69/8.38
	样本量	202	202	128	128	16	16
	总和	2594/984	4204/1824	1482/588	3245/1022	131/73	571/134
B	平均数	8.70/4.40	26.70/8.90	16.09/5.26	20.72/10.98	8.15/3.90	29.98/6.75
	样本量	10	10	54	54	40	40
	总和	87/44	267/89	869/284	1119/593	326/156	1199/270
C	平均数	8.20/4.60	31.80/8.40	11.35/4.22	12.83/8.96	14.80/5.18	22.24/9.67
	样本量	5	5	23	23	49	49
	总和	41/23	159/42	261/97	295/206	725/254	1090/474
D	平均数	8.25/4.63	35.38/7.50	8.80/5.95	12.70/9.70	14.48/4.85	18.27/9.44
	样本量	8	8	20	20	96	96
	总和	66/37	283/60	176/119	254/194	1390/466	1754/906
E	平均数					8.50/5.56	12.19/9.44
	样本量					16	16
	总和					136/89	195/151
F	平均数					10.00/6.25	13.00/10.00
	样本量					8	8
	总和					80/50	104/80

三峡移民接触网中移民的比重（sig = 0.000 < 0.05）、同村移民的比重（sig = 0.012 < 0.05）、当地人的比重（sig = 0.000 < 0.05）及当地同村

人的比重（sig = 0.000 < 0.05）都对移民普通话使用水平有显著影响。被试普通话水平共有四个类型，能流利使用普通话的人比重最大，占57%，但其接触网中移民数量为12位，比第一位的为较流利使用的少4人；不太会说普通话的人接触网中移民数量最少为9位，但其同村人比重最大，占67%。而三峡移民普通话使用水平与经常接触的当地人的比重成正比，与同村当地人的比重成反比。普通话水平越高，接触当地人越多，同村人越少。最高的为流利使用普通话者，当地人平均为25人，同村比例为31%，最低的为不太会说普通话者，人数平均为9人，同村比例为77%。

三峡移民接触网中移民的比重（sig = 0.000 < 0.05）、同村移民的比重（sig = 0.014 < 0.05）、当地人的比重（sig = 0.000 < 0.05）及当地同村人的比重（sig = 0.000 < 0.05）都对移民当地话使用水平有显著影响。三峡移民当地话使用水平共有6种，其中能流利使用者接触网中的移民比重最低，约为8人，最高为基本能交谈者，同村人平均为5人，其中不太会说当地话的人同村当地人比重最高，为65%。除完全听不懂的人外，三峡移民接触网中当地人比重与当地话使用水平成正比，最高为能流利使用的人，约为36人，最低为不太能听得懂的人，约为12人，其中本村当地人的比重跟当地话水平成反比，不太能听懂和完全听不懂的人接触的当地人同村比例最高，均为77%，最低的为能流利使用者为22%。

四　接触网与语言使用模式

表5—13　　　　　　　　接触网中的语言使用模式分布表

语言使用模式		家庭		非移民		当地	
		移民	当地人	移民	当地人	移民	当地人
		总数/本村	总数/本村	总数/本村	总数/本村	总数/本村	总数/本村
C	平均数	12.23/4.83	21.26/8.92	13.02/4.93	18.60/8.96	9.35/6.04	12.35/8.96
	样本量	199	199	169	169	23	23
CP	平均数	14.71/4.95	24.38/9.76	11.19/4.10	30.81/9.33		
	样本量	21	21	42	42		
P	平均数	9.00/4.40	34.00/7.00	9.00/4.40	34.00/7.00	13.97/4.77	17.75/9.35
	样本量	5	5	5	5	91	91

续表

语言使用模式		家庭		非移民		当地	
		移民	当地人	移民	当地人	移民	当地人
		总数/本村	总数/本村	总数/本村	总数/本村	总数/本村	总数/本村
CPD	平均数			7.00/4.83	37.83/8.67		
	样本量			6	6		
CD	平均数			10.33/10.33	26.00/7.00		
	样本量			3	3		
PD	平均数					13.30/5.09	25.23/9.34
	样本量					74	74
D	平均数					8.59/3.73	31.00/7.22
	样本量					37	37

C = 重庆话；P = 普通话；D = 当地话

三峡移民接触网中移民的比重（sig = 0.010 < 0.05）、当地人的比重（sig = 0.001 < 0.05）都对移民语言使用模式选择有显著影响。在家庭内部的交流中选择使用双语模式的人接触的移民数量最多，平均约 15 位，其中外村人比重也最大；而只使用普通话的人生活中接触的移民数量最少。从接触网中的当地人比重来看，随着语言选择模式趋向普通话当地人的比重也在逐渐增加，从 21 位增加到 34 位，而其中使用普通话的人接触的本村当地人数量最少。

在家庭以外的移民群体中，语言使用模式的选择受接触网中移民的比重（sig = 0.000 < 0.05）、同村移民的比重（sig = 0.000 < 0.05）及当地人的比重（sig = 0.000 < 0.05）的影响较显著。在交流中能使用普通话、重庆话和当地话三种语言的人经常接触的移民数量最少，约为 7 位，经常接触的当地人数量最多，为 34 位，而只使用重庆话的人接触的移民数量最多，为 13 位，接触的当地人数量最少，为 19 位；从以上统计可以看出移民内部使用的五种语言类型其同村移民的比重分别为 38%、37%、49%、69%、100%，即随着移民语言类型从重庆话逐步趋向普通话再过渡到与当地话并用的阶段，其接触网中的同村移民比例逐渐增加，这意味着随着语言的逐渐融入，移民的交际圈逐渐萎缩至本村内部。接触网中同村的当地人最多的为使

用重庆话模式的人,约为48%,其次为使用重庆话和普通话的人,约为30%。

在与当地人的交流中,三峡移民共使用4种模式,而三峡移民接触网中移民的比重(sig = 0.000 < 0.05)、同村移民的比重(sig = 0.000 < 0.05)、当地人的比重(sig = 0.000 < 0.05)及当地同村人的比重(sig = 0.006 < 0.05)都对移民语言使用模式有显著影响。在这4种模式中,使用普通话模式的人接触的移民数量最多,平均为14人,最少的为使用当地话模式的人,平均为9人;随着语言使用模式从重庆话模式过渡到当地话模式,接触网中的当地人数量逐渐增加,人数最少的为使用重庆话模式的人,约为12人,最多的为使用当地话模式的人,约为31人。以上4种模式中本村移民所占比例分别为65%、53%、37%、23%,本村当地人所占比例分别为73%、53%、37%、23%,即随着语言使用模式从重庆话模式到普通话模式再到当地话模式,本村移民和当地人的比重均呈逐渐降低趋势。

五 接触网与语言主观评价

表5—14　　　　　接触网中的语言情感评价分布表

情感评价		普通话		重庆话		当地话	
		移民	当地人	移民	当地人	移民	当地人
		总数/本村	总数/本村	总数/本村	总数/本村	总数/本村	总数/本村
1	平均数					12.25/4.56	19.59/9.25
	样本量					32	32
2	平均数			10.28/3.28	27.72/7.36	12.44/5.16	21.47/8.91
	样本量			25	25	149	149
3	平均数	12.41/4.55	14.68/9.09	13.04/5.11	22.14/9.25	13.42/4.52	23.82/9.52
	样本量	22	22	28	28	33	33
4	平均数	12.04/4.49	21.66/8.67	12.49/4.98	22.05/9.08		
	样本量	76	76	142	142		
5	平均数	12.60/5.09	23.18/9.10	13.10/5.20	15.63/9.43	9.09/2.18	27.36/7.00
	样本量	127	127	30	30	11	11

三峡移民接触网中当地人的比重（sig = 0.000 < 0.05）对移民的普通话的情感评价有显著影响。从统计来看，除22位中立者外，被试都认为普通话好听，而认为普通话非常好听的人接触网的人数最高约为13人，本村人比例为40%，比另外两种多3个百分点。而随着对普通话情感评价度的提高，其接触网中的当地人数量呈上升趋势，最高为23人，同时本村人比重逐渐降低从62%降到39%。

对重庆话的情感评价则受同村移民比重（sig = 0.002 < 0.05）和当地人比重（sig = 0.000 < 0.05）的影响显著。对重庆话情感持负面态度的人接触网中移民数量及本村人比例均为最少，分别为10人、32%，而中立和正面态度的人接触网中移民人数大体相当，约为13人，其中持正面态度的人接触的当地人中本村人比重最高为40%。同时接触网中当地人的数量随着移民对重庆话情感的增强呈下降趋势，认为重庆话不好听的人其比重最低，为27%，认为重庆话非常好听的比重最高，占60%。

对三峡移民当地话的情感评价有显著影响的分别是三峡移民接触网中移民的比重（sig = 0.042 < 0.05）、同村移民的比重（sig = 0.000 < 0.05）及当地人的比重（sig = 0.025 < 0.05）。从具体统计来看，对当地话情感评价最高的人其接触网中的移民数量最少，约为9人，且同村人比重最少，仅为24%，持中立态度的人接触的移民数量最多，平均约为13人，并且同村人比重最高，约为41%。而就接触的当地人而言，其比重与情感评价成正比，评价越高的人日常生活中接触的当地人越多，认为当地话非常好听的人接触网中当地人数量最多，为27人，且同村人比例最低，为26%，最少的为认为当地话非常难听的人，数量为20人，其中同村人比例最高为47%。

表5—15　　　　　　接触网中的语言地位评价分布表

地位评价		普通话		重庆话		当地话	
		移民	当地人	移民	当地人	移民	当地人
		总数/本村	总数/本村	总数/本村	总数/本村	总数/本村	总数/本村
1	平均数			12.59/4.76	22.24/9.62	10.00/6.25	13.00/10.00
	样本量			29	29	8	8

续表

地位评价		普通话		重庆话		当地话	
		移民	当地人	移民	当地人	移民	当地人
		总数/本村	总数/本村	总数/本村	总数/本村	总数/本村	总数/本村
2	平均数	10.00/7.00	13.00/10.00	12.43/4.62	22.77/8.82	13.29/6.29	13.43/6.29
	样本量	2	2	154	154	7	7
3	平均数	13.00/5.25	16.75/8.45	12.47/5.61	18.97/8.81	11.59/4.46	23.69/8.85
	样本量	20	20	36	36	68	68
4	平均数	13.71/4.68	22.09/9.89	10.00/6.00	13.00/10.00	12.36/4.89	22.24/8.74
	样本量	56	56	6	6	114	114
5	平均数	11.84/4.81	22.55/8.65			14.93/4.79	20.32/10.46
	样本量	147	147			28	28

三峡移民接触网中移民的比重（sig = 0.036 < 0.05）及当地人的比重（sig = 0.012 < 0.05）均对移民对普通话的地位评价有显著影响。其中认为普通话地位低的人接触的移民为10人，其中外村移民的比例为30%，均比持中立和肯定态度的人低。而对普通话地位的评价与接触网中当地人的数量成正比，最高为23人，最低为13人，而本村当地人的比重越高对普通话的评价越低，具体为77%、50%、45%、38%。

对被试重庆话的地位评价有显著影响的分别是接触网中同村移民的比重（sig = 0.049 < 0.05）、当地人的比重（sig = 0.004 < 0.05）。从表5—15可以看出，认为重庆话地位高的人接触网中移民及当地人数量均为最少，平均为10人和13人，且同村移民和当地人比重最高达到60%和77%，随着对重庆话地位评价的降低，被试接触网中同村人比例逐渐降低。

根据统计分析，对重庆话的地位评价有显著影响的分别是接触网中移民的比重（sig = 0.005 < 0.05）、当地人的比重（sig = 0.000 < 0.05）及当地同村人的比重（sig = 0.019 < 0.05）。对当地话地位持中立和负面态度的人接触网中移民数均约为12人，持肯定态度的人为14人。而接触网中当地人数量最多的为中立者，约为24人，最少的为持负面态度者，约为13人，但就同村比例来看，持完全负面态度的人最高，占77%，最少的为持中立态度者，占37%。

表 5—16　　　　　　　接触网中的语言适用评价分布表

适用评价		普通话		重庆话		当地话	
		移民	当地人	移民	当地人	移民	当地人
		总数/本村	总数/本村	总数/本村	总数/本村	总数/本村	总数/本村
1	平均数			12.67/4.56	23.44/9.07	11.06/5.31	14.19/10.63
	样本量			27	27	16	16
2	平均数			12.57/5.00	21.60/8.49	14.62/5.62	18.29/11.00
	样本量			83	83	21	21
3	平均数	10.93/4.57	18.75/8.50	12.47/4.81	23.10/9.14	12.23/5.23	22.08/8.90
	样本量	28	28	99	99	40	40
4	平均数	12.78/4.78	19.16/8.47			12.04/4.62	25.33/9.02
	样本量	81	81			101	101
5	平均数	12.47/4.94	24.45/9.41	10.50/4.63	12.50/10.00	12.74/4.45	18.32/7.38
	样本量	116	116	16	16	47	47

就普通话的语言适用评价而言，其受当地人比重（sig = 0.000 < 0.05）的影响较为显著。被试对普通话的适用性持中立态度的人其接触网中移民的数量为 11 人，持肯定态度的人其接触网中移民的数量为 13 人；而接触网中当地人的数量则与适用性评价成正比，即评价越高的人，日常接触的当地人数量越多。

对重庆话适用性评价有显著影响的是接触网中当地人的比重（sig = 0.000 < 0.05）。对重庆话评价最高的人，其接触网中的移民约为 13 人，评价最低的约为 11 人，而同村比例分别为 36%、40%、39%、44%。从另一方面来看，认为重庆话非常不适用的人其接触网中当地人数量最多，约为 23 人，但其中同村比重最少，约为 39%，认为重庆话非常适用的人接触的当地人数量最少，为 13 人，但同村比重最高为 80%。

第四节　移民隐约网与语言使用

一　移民隐约网概况

隐约网，包括那些与说话者互换信息并给予物质上和精神上的支持等,但却不能经常和直接接触的关系。① 移民都是以主干家庭或核心家庭搬迁的,虽然安置时考虑到移民的情感因素而尽量把亲属安置在一起,但大部分移民搬迁之前的原生关系都受到影响而淡漠或断裂,由于移民要融入当地和在安置地稳定下来不能立刻或完全依靠当地政府和当地村民,所以旧有的原生关系对于他们来讲具有重要意义,是情感和物质的支持,即使因安置而受到影响,移民也会有选择地修复并维持这种关系,这对移民逐渐在安置地稳定下来并逐渐融入当地生活具有重要意义,但随着安置时间的推移,旧有关系在不同移民身上会呈现不同的特点,并对他们的语言使用产生影响。

表5—17　　不同年龄、性别移民隐约网关系数量分布

年龄		数量	性别		数量
老年人	均值	6	男性	均值	6
	总数	349		总数	696
中年人	均值	6	女性	人数	124
	总数	722		均值	5
青年人	均值	3		总数	520
	总数	145		人数	101

从表5—17可以看出,老年人与中年人隐约网的数量相同,平均约为6个,而青年人数量较少,为1个。从性别来看,男性移民隐约网的数量比女性略多。

二　隐约网与目前语言使用类型

表5—18　　　　隐约网中的目前语言使用类型分布　　　　单位:%

语言类型	平均数	总和	总和百分比
C	6.09	140	11.5
CP	6.05	557	45.8

---

① Li Wei, *Three Generations*, *Two Languages*, *One Family*, Clevedon: Multilingual Matters, 1994, p. 35.

续表

语言类型	平均数	总和	总和百分比
CPD	4.72	519	42.7
总计	5.40	1216	100.0

C = 重庆话；P = 普通话；D = 当地话

从统计分析来看，移民隐约网的数量（sig = 0.000 < 0.05）对目前的语言使用类型有显著影响。目前能使用重庆话或重庆话和普通话双语模式的人隐约网的人数约为 6 人，而使用三语交流的人隐约网中的人数略低，为 5 人。

三　隐约网与语言使用水平

表 5—19　　　　隐约网中的目前语言使用类型分布表

语言使用水平		重庆话	普通话	当地话
A	平均数	5.63	4.77	3.75
	样本量	202	128	16
	总和	1137	610	60
B	平均数	3.70	6.37	3.08
	样本量	10	54	40
	总和	37	344	123
C	平均数	3.40	5.83	5.29
	样本量	5	23	49
	总和	17	134	259
D	平均数	3.13	6.40	6.42
	样本量	8	20	96
	总和	25	128	616
E	平均数			6.38
	样本量			16
	总和			102
F	平均数			7.00
	样本量			8
	总和			56

根据统计分析，隐约网中移民的数量对三峡移民重庆话使用水平（sig＝0.000＜0.05）、普通话使用水平（sig＝0.000＜0.05）及当地话使用水平（sig＝0.000＜0.05）均有显著影响。从重庆话来看，使用非常流利的人其隐约网中的人数约为6人，较流利的为4人，基本能交谈和能听懂的为3人。随着重庆话使用水平的降低，隐约网人数呈下降趋势。就普通话而言，仅能听懂普通话的人隐约网人数最多，其次为较熟练的人，再次为能交谈的人，但这三者差异不大，而能非常流利使用普通话的人隐约网人数最少。就当地话而言，总体来看，随着当地话水平的提高，移民的隐约网人数呈下降趋势，最少的为能流利使用当地话的人（包括表5—19中AB两类），平均为3人，占被试的25%，而最多的为听不懂的人，平均约为7人，占被试的4%。

四 隐约网与语言使用模式

表5—20　　　　　　　隐约网中的语言使用模式分布表

语言使用模式		家庭	非移民	当地
C	平均数	5.11	5.48	6.09
	样本量	199	169	23
CP	平均数	8.76	5.88	
	样本量	21	42	
P	平均数	3.00	3.00	6.01
	样本量	5	5	91
CPD	平均数		3.17	
	样本量		6	
CD	平均数		3.00	
	样本量		3	
PD	平均数			5.73
	样本量			74
D	平均数			2.84
	样本量			37

C＝重庆话；P＝普通话；D＝当地话

三峡移民家庭语言使用模式中,使用普通话和重庆话双语模式的人隐约网人数最多,约为 9 人;使用普通话的人隐约网人数最少,仅为 3 人,即在家庭环境中,随着语言模式趋向普通话,隐约网人数也呈下降趋势,但从目前我们所调查的移民来看,88% 的人都有 5 个隐约网成员,并在家庭中使用重庆话。在家庭以外的移民中使用重庆话交流的人约为 75%,他们的隐约网中的人数,与使用普通话和重庆话双语模式的人数大体相当,约为 6 人,而使用完全普通话模式及出现与当地话并用的 CPD 和 CD 模式的人隐约网人数为 3 人,即在交流中越倾向使用普通话或当地话其交际网中保留的旧有移民关系越少。在与当地人的交流中,随着交际模式从重庆话到普通话再到当地话的变化,移民隐约网中的人数逐渐下降,即使用重庆话的人保留的搬迁前的原生关系最多,平均为 6.1 人,而使用当地话的人交际网中原有的重庆关系最少,约为 3 人。目前调查的移民中 49% 的移民能使用或夹杂使用当地话,这些人的平均隐约关系为 4 条。总体来说,三峡移民隐约网中的人数对移民在与家庭成员(sig = 0.000 < 0.05)、非家庭成员移民(sig = 0.000 > 0.05)及当地人(sig = 0.000 < 0.05)交流时使用的语言模式有显著影响。

五 隐约网与语言主观评价

表 5—21　　　　　　　隐约网中的语言主观评价分布表

主观评价		普通话			重庆话			当地话		
		情感	地位	适用	情感	地位	适用	情感	地位	适用
1	平均数				5.83	5.07	5.94	7.00	6.81
	样本量				29	27	32	8	16
2	平均数		7.00		4.28	5.25	5.42	5.40	5.14	6.29
	样本量		2		25	154	83	149	7	21
3	平均数	6.09	5.95	5.39	6.11	5.47	5.30	5.67	5.21	5.15
	样本量	22	20	28	28	36	99	33	68	40
4	平均数	5.39	5.71	5.42	5.32	7.00			5.32	5.23
	样本量	76	56	81	142	6			114	101
5	平均数	5.29	5.19	5.40	6.07		6.50	3.09	5.86	5.13
	样本量	127	147	116	30		16	11	28	47

根据统计分析可知，三峡移民隐约网的人数对移民重庆话（sig = 0.003＜0.05）和当地话（sig = 0.001＜0.05）的情感评价以及对当地话（sig = 0.011＜0.05）的适用性评价有显著影响。就普通话而言，移民的隐约网人数与普通话情感评价和地位评价成反比，评价越高，隐约网人数越少。90%的移民在情感上持正面态度，他们隐约网的人数约为5人，10%持中立态度的人隐约网的人数为6人。在225位被试中，1%的人认为普通话地位不高，而其保持的原生关系最多，为7个，原生关系最少的为认为普通话地位非常高的人，占总人数的65%，隐约网人数为5人，而持中立态度以及认可普通话地位高的人介于两者之间，其隐约网人数为6人。就普通话的适用度来看，持中立和支持态度的人保留的旧有关系相当，均为5个。

重庆话作为移民的母语，移民对它的感情很深，在情感评价上，76%的人认为它好听，他们隐约网人数为6人，而认为它不好听的只有11%，其隐约网人数最少，约为4人，持中立态度的人隐约网人数最多。在对重庆话的地位评价上，持负面态度的人最多，约占81%，其隐约网人数约为6人，与持中立态度的人相同，比持正面态度的人略少。在适用性评价上，认为重庆话用处不大和持中立态度者分别占47%和44%，两者隐约网人数均为5人，持肯定态度者隐约网人数最多，约为7人。对当地话而言，移民对它的感情不深，只有5%的人认为它好听，他们隐约网人数也最少，只有3人，而对当地话持负面态度者占80%，其隐约网人数为6人，与中立者相当。从地位上看，63%的移民认为当地话地位较高，但其隐约网人数与持负面态度者相同，均为6人，但持负面态度者内部差异较大，4%的人认为当地话地位非常低，其隐约网人数为7人，而认为当地话地位较低的人占3%，隐约网人数为5人。中立者隐约网人数最少，约为5人。从用处上来看，66%的人都认为当地话用处大，但其隐约网人数较少，约为5人，与持中立者相同，而认为其用处不大的人隐约网人数较多，约为7人。

第五节 结　语

如有学者所言："在过去的30年中，经验的社会研究主要由抽样调查

(sample survey) 控制着。但是，如人们常常指出的那样，调查是一种社会学的绞肉机（meat grinder），它把个体从其所在的社会情境（social context）中抽离出来，并保证研究对象之间不存在联系（Freeman，2004）。而抽离个体所在的社会情景，看不到社会行动者之间的联系，这往往不是揭示一些社会现象的本质。社会关系是极端复杂的，我们不可能仅仅根据直觉来区分社会关联性。在此情况下，社会网络分析（Social Network Analysis，SNA）就派上了用场，它提供了一系列研究工具，从而扩展了我们关于构成社会结构之模式的理论洞察。"①

人们通过语言来建立和发展自己的社会网络，而社会网络反过来也会影响和制约人们的语言，通过以上对三峡移民社会网络的分析我们可以看出：

首先，从目前移民可使用的语言数量来看，我们可以把移民分成三类，分别为单语人（只使用重庆话）、双语人（使用普通话和重庆话）、三语人（使用普通话、重庆话和当地话）。从目前来看，双语人交换网和接触网中移民的数量最多，分别是 8 个和 14 个，其次为三语人，分别为 6 个和 12 个，单语人最少，分别为 5 个和 9 个。值得注意的是单语人、双语人交换网中移民的数量均比当地人多，而三语人交换网中当地人数量则超过移民的数量。单语人交换网和接触网中同村移民的比例最高，分别为 80% 和 67%，其次为三语人，分别为 67%、42%，双语人最低，分别为 63%、36%。而随着移民使用语言数量逐渐增加，其交换网和接触网中当地人数量逐渐增加，分别为 3 人、6 人、8 人和 12 人、17 人、28 人，且同村比例逐渐降低，分别为 100%、67%、50% 和 73%、53%、41%。从隐约网来看，单语人和双语人隐约网人数相同，均为 6 人，比三语者隐约网人数多 1 人。总体来看移民的语言使用限制和影响移民的交际网络，单语人交换网和接触网规模最小，无论是移民人数还是当地人的人数均最少且同村化严重。而普通话的使用拓展了移民的交际对象和交际网络规模，双语者在移民社区内部较活跃，其接触和与之有密切联系的移民数量最多，且不仅局限于同一村庄。由于能使用当地话交流，使用三语的人交

---

① 刘军：《整体网分析讲义——UCINET 软件应用》，第二届社会网与关系管理研讨会资料，哈尔滨：哈尔滨工程大学社会学系，2007 年 1 月。

际网就不仅局限于移民内部,他们与当地人联系最广泛。

其次,从语言使用能力来看,绝大部分的三峡移民都能熟练使用重庆话,这些人交换网和接触网、隐约网中的移民数量最多,移民重庆话水平与交换网中移民总量成正比,与同村移民和外村当地人数量成反比;与隐约网人数成正比;与接触网中移民数量和同村移民的比重成反比,与当地人及外村人数量成正比。

就普通话水平来讲,能较流利使用普通话的人交换网和接触网中移民的数量最多,分别为 8 人和 16 人,同村移民比重少,分别占 33%、53%,且两种网络中尤其是交换网中当地人数量超出移民人数。而 57% 的被试处于能流利使用普通话的程度,这些人交换网和接触网中移民人数较上一种略少,分别为 7 人、12 人,且隐约网人数最少。被试交换网和接触网中当地人的数量随着普通话水平的降低逐步降低,外村当地人的比重也呈下降趋势,对于目前普通话使用不熟练和不太会说的人其交际网中的当地人均为本村人。随着交换网中移民和当地人数量以及外村当地人的增加移民普通话水平呈上升趋势。

能听懂当地话的人数最多,其交换网中移民总数以及同村移民的人数最多,分别为 8 人、5 人;随着当地话水平的逐步提高和降低,移民总数和同村移民数也逐渐降低,并趋同,即交换网中的移民基本都是同村移民。而接触网中拥有移民关系最多的是能基本交谈和能听懂当地话的人,约为 15 人,交换网和接触网中移民总量在当地话使用情况上呈中间高两边低的分布,而移民的同村化则是相反的分布状态。能用当地话交谈的人与当地人的关系最密切,人数最多,约为 9 人,而从接触网来看与当地人联系最广泛的是能流利使用当地话的人。随着当地话水平的提高,交换网和接触网中外村当地人数量大幅提高,另外移民的当地话水平属于能听懂及以上的其交换网中的当地人数量都比移民多。随着当地话水平的提高,移民的隐约网人数呈下降趋势,隐约网人数最少的为能流利使用当地话的人,平均为 3 人。

再次,就语言使用模式来看,移民在家庭内部仍以重庆话模式为主,他们的交换网中移民人数约为 6 人,其中 67% 为本村人。而使用重庆话和普通话共用模式的人交换网和接触网中移民人数和外村移民比重最大,分别为 11 人、55% 和 15 人、66%。在家庭中使用不同语言模式的人交换网中的当地人数量差异不大，但随着使用模式逐步向普通话转变，其交换网和接触网中外村当地人的比重也呈逐渐加大的趋势，交换网最多可达11人，接触网最多可达34人。使用普通话和重庆话双语模式的人隐约网人数最多，约为9人，随着语言模式趋向普通话，隐约网人数也呈下降趋势，目前88%的人都有5个隐约网成员，并在家庭中使用重庆话。

虽然在移民社区内部，重庆话模式是主流，但其交换网中的移民人数为7人，比重庆话和普通话共用模式略少1人。普通话和重庆话共用模式交换网中移民和当地人数量最多，均为8人，外村当地人比例也超过半数，但外村人最多的为重庆话和当地话共用以及使用普通话模式的人，值得注意的是，使用重庆话模式及重庆话和当地话共用模式的人交换网中已经变成以当地人为主，即当地人的比重超过移民。在接触网中只使用重庆话的人接触的移民数量最多，为13人，接触当地人数量最多的为使用普通话、重庆话和当地话三语的人，共34人。随着移民语言类型从重庆话逐步趋向普通话再过渡到与当地话并用的阶段，其接触网中的同村移民比例逐渐增加，这意味着随着语言的逐渐融入，移民的交际圈逐渐萎缩至本村内部。在移民社区内部75%的人使用重庆话交流，其隐约网人数为6人，而在交流越倾向于使用普通话或当地话的人其交际网中保留的旧有移民关系越少，最少的为3人。

移民在与当地人交流时，交换网和接触网中移民的数量分别居于前两位的为普通话模式和普通话当地话共用模式，数量为8人、7人和14人、13人，而外村移民的数量最多的，在交换网中为使用PD模式的人，在接触网中为使用D模式的人。使用PD模式和D模式的人在交换网和接触网中当地人的数量均居于前两位，但PD模式在交换网中人数最多，为8人，而D模式在接触网中人数最多，为31人。而随着语言使用模式从重庆话模式到普通话模式再到当地话模式，本村移民和当地人的比重均呈逐渐下降趋势，同时移民隐约网人数也逐渐下降到最低3人，现阶段49%的移民能使用或夹杂使用当地话，这些人的平均隐约关系为4条。

从对普通话的评价来看，90%的人在情感上认为普通话好听，他们交换网和接触网中的移民人数约为7人和12人，其中同村人约占57%和42%；当地人数约为7人和22人，同村人约占57%和41%。隐约网人均为5人。认为普通话地位高的人占90%，他们交换网中的移民和当地人，均为7人，其中半数以上为同村人；接触网中的移民和当地人分别为13人和22人，其中本村人占比为38%、41%；他们保留的旧有的迁出地关系最少，约5人。被试中有两位被试认为普通话地位低，他们交换网和接触网中移民和当地人数量最少且都为同村人，而隐约网中的人数最多，约7人。在调查中除持中立态度的人外，88%的人认为普通话用处多，他们交换网中的移民和当地人均为7人，同村比为57%，接触网中的移民和当地人分别为13人、22人，同村比为38%和41%，隐约网人均为5人。

从对重庆话的评价来看，76%的人认为重庆话好听，这些人交换网和接触网中移民数为7人、13人，同村比为57%、38%；当地人约为6人和19人，同村比为67%、47%；隐约网为5人。持负面态度的人占11%，他们交换网中移民数量最少，但当地人数量多，平均为9人，且有5人为外村人；而其接触网中移民数量及本村人比例均为最少，分别为10人、32%，但其接触当地人数量最多，为28人，同村比例最低，为25%；隐约网为4人。

81%的移民认为重庆话地位不高，他们交换网中移民数量最多，人均约为7人，同村比为57%，当地人为6人，同村比为67%；隐约网为6人。在225位被试中，3%的人认为重庆话地位较高，他们交换网和接触网中移民和当地人数量均为最少，交换网中同村比为100%，而接触网中同村移民和当地人比重达到60%和77%；隐约网为7人。

49%的移民认为重庆话适用范围不广，其交换网中移民和当地人均为7人，同村比为57%，且交换网中当地人数量超过移民；接触网中移民和当地人分别为13人和23人，同村比38%、39%；隐约网为5人。7%的人对重庆话的适用性持正面态度，交换网和接触网中移民和当地人数量最少，分别为5人、3人和11人、13人，交换网中的移民和当地人都是本村人，接触网中同村比为45%、77%；隐约网为7人。

从对当地话的评价来看，80%的人对当地话情感评价不高，交换网和接触网中移民和当地人分别为7人、6人和12人、21人，同村比分别为57%、67%和42%、43%；隐约网有6人。只有5%的人认为当地话好听，其交换网和接触网中移民和当地人分别为5人、12人和9人、27人，同村比分别为80%、33%和22%、26%；隐约网为3人。

63%的移民认为当地话的地位高，他们交换网中移民和当地人均为7

人,同村比均为 57%;接触网中移民和当地人分别为 14 人和 21 人,同村比分别为 36%、48%;隐约网有 6 人。

7% 的移民认为当地话地位不高,其交换网中移民和当地人分别为 6 人和 4 人,同村比分别为 67%、75%;隐约网有 6 人。

66% 的移民认为当地话适用性更广,这些人交换网中移民及当地人总数均约为 7 位,外村人比重为 43%;隐约网有 5 人。

16% 的移民认为当地话用处不大,其交换网中的移民和当地人分别为 6 人和 5 人,同村比分别为 67% 和 80%;接触网中的移民和当地人分别为 12 人和 13 人,同村比分别为 50% 和 62%;隐约网为 7 人。

第六章 三峡移民的语言接触研究

第一节 语言接触

伴随着世界上各个民族、国家的人的迁徙、经济和文化的交流，不同的语言也在不断地接触，所谓语言接触，陈松岑认为"在社会语言学中，谈论语言之间的接触时，主要是指地域方言或民族语言这两种变体之间的接触。关于其他语言变体之间因接触而产生的变异，有很多将在语言的历时变化中涉及。语言的接触，通常是在一个交际频繁的社会中，同时存在几种不同的民族语言或地域方言时发生的"[①]。关于语言接触的研究越来越多，但研究主要关注的是不同语言或方言，而作为现代汉民族共同语的普通话对方言的影响不容忽视，两者之间的接触值得我们深入研究。三峡移民搬迁到安置地后，由于语言不同，他们必须借助普通话与当地人交流，同时为了能更好地融入当地生活，也要不断地学习当地话，这就使得重庆话要与普通话和当地话不断地接触，并在这个过程中相互影响，发生变化，从而将这种变化在不同使用者身上表现出来。徐通锵、叶蜚声认为语言接触最常见的是词的借用，也可能会融合为一种语言，或者产生"洋泾浜""混合语"这样特殊的语言现象。[②]而移民身上表现出来的语言接触主要为重庆口音普通话和重庆口音杭州话。本章将根据实际调查结果，分别就移民的重庆口音普通话和重庆口音海宁话、重庆口音萧山话和重庆口音嘉善话分别进行描写研究，通过此次研究可以让我们对发生在三峡移民身上的语言变异以及他们目前的

[①] 陈松岑：《语言变异研究》，广东教育出版社1999年版，第169页。
[②] 徐通锵、叶蜚声：《语言学纲要》，北京大学出版社1988年版，第213页。

语言系统的特点有更细致和深入的了解，也可以弥补语言学界在三峡移民研究中缺少对语言变异动态描写的不足，让我们能对其中的语言事实和规律有更清晰准确的认识。

本章选取的发音人均为浙江省的安置移民中自我评定当地话水平为流利使用、较流利使用以及能基本交谈者，共105人。

重庆口音普通话程度按普通话水平测试等级的标准划分，一级、二级、三级分别对应轻度重庆口音普通话、中度重庆口音普通话和重度重庆口音普通话。而重庆口音当地话则按照实际语音错误量分类：声母、韵母或声调系统中有一类或一类以上的错误量在15个以上的为重度重庆口音当地话，错误量在10—15个的为中度重庆口音当地话，错误量在10个以内的为轻度重庆口音当地话。

本章的分析语料为实际口语语料，每人为3—5分钟，内容为自然状态下的交谈或讲述选定的话题。

第二节 普通话音系、重庆话音系和安置地吴语音系

一 普通话音系

普通话有21个辅音声母，其中有4个浊音声母，均来自中古次浊声母。具体如表6—1所示：

表6—1　　　　　　　　普通话声母表

		双唇音	唇齿音	舌尖中音	舌根音	舌面音	舌尖后音	舌尖前音
塞音	清	p		t	k			
	清	p′		t′	k′			
塞擦音	清					tɕ	tʂ	ts
	清					tɕ′	tʂ′	ts′
擦音	清		f		x	ɕ	ʂ	s
	浊						ʐ	
鼻音	浊	m		n				
边音	浊			l				

普通话韵母有39个，其中10个单元音韵母，13个复韵母，16个鼻韵母。具体如表6—2所示：

表6—2　　　　　　　　　　　普通话韵母表

开口呼	齐齿呼	合口呼	撮口呼
ɿ	i	u	y
a	ia	ua	
o		uo	
ɛ	iɛ		yɛ
ɤ			
ɚ			
ai		uai	
ei		uei	
au	iau		
ən	iən		
an	ian	uan	yan
ən	in	uən	yn
aŋ	iaŋ	uaŋ	
əŋ	iŋ	uəŋ	
		uŋ	yŋ

普通话有四个调类，无入声调。具体如表6—3所示：

表6—3　　　　　　　　　　　普通话声调表

调类	调值	调型
阴平	55	高平
阳平	35	中升
上声	214	降升
去声	51	全降

二　重庆话音系

本书中的重庆方言语音系统①以主城区方言为主。

重庆方言有 20 个声母（包括零声母在内），具体如表 6—4 所示：

表 6—4　　　　　　　　　　　重庆方言声母表

		双唇音	唇齿音	舌尖中音	舌根音	舌面音	舌尖前音
塞音	清	p		t	k		
	清	p′		t′	k′		
塞擦音	清					tɕ	ts
	清					tɕ′	ts′
擦音	清		f		x	ɕ	s
	浊		v				z
鼻音	浊	m			ŋ		
边音	浊			l			

声母说明：

1. 舌尖前音与舌尖后音不分，重庆方言没有 [tʂ　tʂ′　ʂ]，只有舌尖前音 [ts　ts′　s]。如：资＝知。

2. 舌尖中浊鼻音 [n] 与舌尖中浊边音 [l] 不分。重庆方言多读 [l]。如：男、蓝、路、泥，声母都读 [l]。

3. 重庆方言有唇齿浊擦音 [v]，在古疑母、影母、微母为声母，今读零声母的合口呼韵母（自成音节）前，往往有 [v] 声母。如：五、吴、危、屋等。

4. 重庆方言有舌根浊鼻音 [ŋ]。在古属疑母、影母，今读零声母的开口呼韵母前，重庆方言往往要加上声母 [ŋ]。如：欧、岸、恩、安、昂。

5. 重庆方言在古晓母、匣母与合口 [u] 相拼时，舌根擦音 [x] 改读为唇齿擦音 [fu]。如：呼、狐、蝴、户、互都读作 [fu]。

---

① 钟维克：《重庆方言音系研究》，《重庆社会科学》2005 年第 6 期。

重庆方言有韵母 37 个，具体如表 6—5 所示：

表 6—5　　　　　　　　　重庆方言韵母表

开口呼	齐齿呼	合口呼	撮口呼
ɿ	i	u	y
a	ia	ua	
o	io		
ɛ	iɛ	uɛ	yɛ
ər			
			yu
ai	iai	uai	
ei		uei	
au	iau		
əu	iəu		
an	ian	uan	yan
ən	in	uən	
aŋ	iaŋ	uaŋ	
oŋ	ioŋ		
			yn

韵母说明：

1. 重庆方言没有 [ʅ] 韵母，只有 [ɿ] 韵母，北京语音的 [ʅ]，重庆方言都读作 [ɿ]。如：资、支、知、直、只等，都读作 [ɿ]。

2. 重庆方言没有 [ɤ] 韵母，分别读成 [o] 和 [ei]。歌、科、讹等读 [o]。如：车、者、社等读 [ei]。

3. 重庆方言没有后鼻韵母 [iŋ] [əŋ]，北京音 [iŋ] 和 [əŋ]，重庆方言都读成 [in] 和 [ən]。如：兴、行、兵都读成 [in]；彭、生、正等都读成 [ən]。

4. 重庆方言没有 [uo] 韵母，分别读成 [o] 和 [uɛ]。如：多、罗、左等都读成 [o] 韵；扩、国、郭等读成了 [uɛ]。

重庆方言有 4 个声调，具体如下：

阴平　[55]　　开知丁飞昏

阳平　［21］　　陈平人云铁
上声　［42］　　口手短走丑
去声　［214］　 倍社醉共阵

声调说明：

1. 平声清声母字，重庆方言读阴平调。

2. 古平声全浊、次浊声母古入声字，重庆方言读阳平调。

3. 古上声清声母字、次浊声母字，重庆方言读上声。

4. 古上声全浊声母字，古去声清声母字、次浊、全浊声母字，重庆方言读去声。

三　海宁方言音系

海宁方言属于吴语太湖片苏沪嘉小片，根据苏向红（1999）的研究[①]，海宁方言的语音系统如下：

海宁方言声母有 27 个，具体如表 6—6 所示：

表 6—6　　　　　　　　　海宁方言声母表

发音方法		发音部位	上唇下唇	上齿下唇	舌尖齿龈	舌面前颚	舌面中颚	舌根软颚	喉门
塞音	清音	不送气	p		t			k	(ʔ)
		送气	p'		t'			k'	
	浊音		b		d			g	
塞擦音	清音	不送气			ts	tɕ			
		送气			ts'	tɕ'			
	浊音				dz	dʑ			
擦音	清音			f	s	ɕ			h
	浊音			v	z	ʑ	j		ɦ
鼻音	浊音		m		n	ɲ	(ŋ)		
边音	浊音				l				

[①] 苏向红：《海宁方言声韵调之研究》，《湖州师范学院学报》1999 年第 4 期。

声母说明：

1. 鼻辅音［ŋ］不作声母，可自成音节，如"鱼"。［m］作声母，也可自成音节，如"妈"［ma］、"姆"［m］。喉门塞音［ʔ］不作声母，只作入声字的收音。

2. 塞音、边音有清浊两套，与声调的阴阳相对应，清音配阴调，浊音配阳调。但海宁话中清化的鼻音和边音较少，所以一律归并为浊音。

3. 浊擦音［ɦ］只出现在阳调开口韵、合口韵之前，［j］只出现在阳调齐齿韵之前。

海宁方言有36个韵母，具体如表6—7所示：

表6—7　　　　　　　　海宁方言韵母表

开口呼	齐齿呼	合口呼
	i	u
ɿ		
a	ia	ua
æ	iæ	uæ
ɛ	iɛ	uɛ
ɔ	iɔ	
o		
əl		
əɯ	iəɯ	
ən	in	uən
ɑŋ	iɑŋ	
ã	iã	uã
õ	iõ	uõ
ã̃	iã̃	uã̃
õ̆	iõ̆	
ə̃	iə̃	uə̃

韵母说明：

1. 一般没有撮口呼，但因受普通话影响，年轻人中已出现介音［y］，但仍处于过渡阶段，如"欲"可读成［iõ］［yõ］。

2. ［iŋ］韵母只在少数音节中出现，如"人"［niŋ］，所以与［in］归并为同音位。

3. ［əl］是卷舌韵母，由普通话渗入而自成音节，只用于文读音，如而、尔等。

海宁方言有七个声调：

阴平 55　高专开抽　　阳平 113　寒平共岸

阴上 53　古走比短　　阳上 31　五平有女

阴去 445　正对抗世

阴入 5　黑铁吉尺　　阳入 2　局白目服

声调说明：

1. 声调有阴阳之分，与声母的清浊相对应。清声母字都读阴声调，浊声母字都读阳声调，因此海宁话中虽有 7 个声调，但具体到某个音节最多只有 4 个阴声调或 3 个阳声调。

2. 海宁话的去声只保留了阴去，阳去字因与阳平字同调值而归入阳平一类。

3. 声调的阴阳差别只表现在发音起讫点的高低不同上，不表现在调型上。阴平是平调，阳平与阴去都是升调，阴上与阳上都是降调，阴入和阳入都是促调，所以 7 个声调可以归并为 4 类调型，称为四声七调。

四　萧山方言音系

萧山方言属于吴语太湖片临绍小片，其语音系统[①]具体如下：

萧山方言有 29 个声母（包括零声母在内），具体如表 6—8 所示：

表 6—8　　　　　　　　　　萧山方言声母表

			上唇下唇	上齿下唇	舌尖齿龈	舌面前颚	舌根软颚	喉门
塞音	清音	不送气	p		t		k	
		送气	p'		t'		k'	
	浊音		b		d		g	

[①] 赵则玲、大西博子：《萧山方言的若干内部差异》，《方言》1999 年第 1 期。

续表

			上唇下唇	上齿下唇	舌尖齿龈	舌面前颚	舌根软颚	喉门
塞擦音	清音	不送气			ts	tɕ		
		送气			ts'	tɕ'		
	浊音				dz	dʑ		
擦音	清音			f	s	ɕ		h
	浊音			v	z	ʑ		ɦ
鼻音	浊音		m		n	ȵ	ŋ	
边音	浊音				l			

声母说明：

1. ［tɕ］组声母，部位比北京音略后。［k］组声母，部位较北京音略前。喉音［h］［ɦ］是深喉音。用［ɦ］代表阳调类零声母字的浊擦成分，零声母配阴调类字，发音初始略带轻喉塞音。

2. 鼻音、边音声母［m n l ȵ］的实际读音有两套：［ʔm ʔn ʔl ʔȵ］和［m ɦ n ɦ l ɦ ȵ ɦ］。前者带紧喉塞音，配阴调类，后者带浊流，配阳调类。鼻音、边音声母字绝大多数读阳调，少部分读阴调。

韵母有48个，其中包括三个自成音节的韵母［m̩ n̩ ŋ̍］。

表6—9　　　　　　　　　萧山方言韵母表

开口呼	齐齿呼	合口呼	撮口呼
ɿ	i	u	y
a	ia	ua	
e	ie	ue	
o		uo	
ɔ	iɔ		
	iɤ		
əl			
ã	iã	uã	
ɛ̃	iɛ̃	uɛ̃	

续表

开口呼	齐齿呼	合口呼	撮口呼
ɔ̃		uɔ̃	yɔ̃
əŋ	iŋ	uəŋ	yŋ
oŋ		uoŋ	yoŋ
aʔ	iaʔ	uaʔ	
eʔ	ieʔ		
oʔ		uoʔ	yoʔ
əʔ		uəʔ	
m̩			
n̩			
ŋ̍			

韵母说明：

① [ɔ] 的舌位较低，近 [ɒ]。
② [ã] 的实际音值是 [ɔ̃]。
③ [ɔ̃] 的开口度略大。
④ [aʔ] 的舌位稍高稍后，接近 [ɐʔ]。
⑤ [o] 的开口度略大。
⑥ [iɤ] 中的 [ɤ] 偏圆，接近 [io]。
⑦ [iã] 的主要元音舌位较高，接近 [iæ̃]。
⑧ [əŋ] 的实际音值是 [ɛŋ]。
⑨ [yoŋ] 的实际音值是 [ɥoŋ]。
⑩ [uoŋ] 的实际音值是 [uoŋ]。

萧山方言声调有八个，具体如下：

阴平 44　天高猫　阳平 23　蛇田红
阴上 34　酒草短　阳上 13　坐上马
阴去 53　快唱送　阳去 31　树饭路
阴入 5　竹七摸　阳入 2　杂直月

五 嘉善方言音系

嘉善方言属于吴语太湖片苏沪嘉小片，其语音系统①具体如下：

嘉善方言有 27 个声母（包括零声母），具体如表 6—10 所示：

表 6—10　　　　　　　　　嘉善方言声母表

			上唇下唇	上齿下唇	舌尖齿龈	舌面前颚	舌根软颚	喉门
塞音	清音	不送气	p		t		k	
		送气	p'		t'		k'	
	浊音		b		d		g	
塞擦音	清音	不送气			ts	tɕ		
		送气			ts'	tɕ'		
	浊音				dz			
擦音	清音			f	s	ɕ		h
	浊音			v	z			ɦ
鼻音	浊音		m		n	ȵ	ŋ	
边音	浊音				l			

声母说明：

［fv］跟［u o ŋoʔ］三韵母相拼时有［ɸβ］、［f v］、［h ɦ］三种音位变体。没有［dz］，吴语别的地方读［dz］的字在嘉善方言中读［z］。鼻边音有两套，一套出现在阴调字，一套出现在阳调字。

韵母有 43 个，包括自成音节的［m ŋ］。

表 6—11　　　　　　　　　嘉善方言韵母表

开口呼	齐齿呼	合口呼	撮口呼
ɿ	i	u	y
a	ia	ua	

---

① 徐越：《浙北杭嘉湖方言语音研究》，中国社会科学出版社 2007 年版，第 61 页。

续表

开口呼	齐齿呼	合口呼	撮口呼
ɔ	iɔ		
ɛ	iɪ	uɛ	
ə	iə		
ø	iø		
o			
ã	iã	ua	
ɿ			
ɛ̃	iɛ̃	uɛ̃	
ən	in	uən	
oŋ	ioŋ		
aʔ	iaʔ	uaʔ	
əʔ	iəʔ	uəʔ	
øʔ	iøʔ		
oʔ	ioʔ		
	iɪʔ		
ɚ			
m			
ŋ			

韵母说明：

1. 音系中单元音韵母较多，普通话中的复合元音韵母在嘉善话中都念单元音。

2. 开口呼、撮口呼较少。

3. 鼻韵尾只有一个 [ŋ]，普通话中念 [n] 的部分字，嘉善话中一部分念阴声韵，一部分并入 [ŋ]。

4. 卷舌韵是从普通话语音渗入的，只用于读书音。

嘉善方言声调有 7 个，具体如下：

阴平 [53]　　高猪开飞　　阳平 [31]　　穷平寒时

阴上［33］　古走短好

阴去［335］　酸菜口丑　　阳去［13］　五女有近

阴入［5］　竹笔黑桌　　阳入［2］　六白物食

第三节　重庆口音普通话音类错误

一　重度重庆口音普通话音类错误

（一）重度重庆口音普通话声母错误

表6—12　　　　　重度重庆口音普通话声母错误表

普通话	重度重庆口音普通话
p	p′
p′	p
t	t′
t′	t/n
n	n/ø/ts
l	n/ø/t′
k	k′/tɕ
k′	k
x	ɕ
tɕ	tɕ′/k/ts′
tɕ′	k′
ɕ	x/tɕ
tʂ	ts/ts′
tʂ′	ts′/ts/s
ʂ	s/ts′/x
ʐ	z/ø
ts	ts′
ts′	ts
ø	n/ŋ

(二) 重度重庆口音普通话韵母错误

表 6—13　　　　　　　重度重庆口音普通话韵母错误表

普通话	重度重庆口音普通话
ʅ	ɿ
i	Iɛ
u	əu
y	yi/yu
a	ua
o	ɤ
ɤ	ɛ/o
ai	uai
ei	uei
au	o
əu	u
an	uan
ən	uən
aŋ	ɑŋ
əŋ	ən/uŋ/uən
ia	ie
uo	o/ue
iɛ	iai/ai/yi/i
yɛ	yo/yi/o
ian	yan
uən	ən
uaŋ	aŋ
iŋ	in/yn
uŋ	uən

（三）重度重庆口音普通话声调错误

表6—14　　　　　　　重度重庆口音普通话声调错误表

普通话	重度重庆口音普通话
阳平35	21/24
上声214	42/21
去声51	213/34

二　中度重庆口音普通话音类错误

（一）中度重庆口音普通话声母错误

表6—15　　　　　　　中度重庆口音普通话声母错误表

普通话	中度重庆口音普通话
p	p'
p'	p
t'	n
n	n/ø
l	n/ø
x	ɕ
tɕ	tɕ'/k
tɕ'	k'
ɕ	x
tʂ	ts
tʂ'	ts'
ʂ	s
ʐ	z/ø
ø	n/ŋ

（二）中度重庆口音普通话韵母错误

表 6—16　　　　　　　中度重庆口音普通话韵母错误表

普通话	中度重庆口音普通话
ʅ	ɿ
i	iɛ
u	əu
y	yi
o	ɤ
ɤ	ɛ/o
au	o
uɛ	u
əŋ	ən/uŋ
uo	o
iɛ	iai
ian	y an
uən	ən
iŋ	in/yn
uŋ	uən

（三）中度重庆口音普通话声调错误

表 6—17　　　　　　　中度重庆口音普通话声调错误表

普通话	中度重庆口音普通话
阳平 35	21/31
上声 214	213
去声 51	53

三 轻度重庆口音普通话音类错误

（一）轻度重庆口音普通话声母错误

表6—18　　　　　轻度重庆口音普通话声母错误表

普通话	轻度重庆口音普通话
l	n
x	ɕ
tʂ	ts
tʂ'	ts'
ʂ	s
ʐ	z

（二）轻度重庆口音普通话韵母错误

表6—19　　　　　轻度重庆口音普通话韵母错误表

普通话	轻度重庆口音普通话
ʅ	ɿ
u	əu
o	ɤ
ɤ	ɛ/o
əŋ	ən
uo	o
iɛ	iai
iŋ	in

（三）轻度重庆口音普通话声调错误

表6—20　　　　　轻度重庆口音普通话声调错误表

普通话	轻度重庆口音普通话
上声214	213
去声51	53

第四节　重庆口音海宁话音类错误

一　重度重庆口音海宁话音类错误

（一）重度重庆口音海宁话声母错误

表 6—21　　　　重度重庆口音海宁话声母错误表

海宁方言	重度重庆口音海宁话
p	p′
p′	p
b	p
t	t′
t′	t
d	t
n	n
l	n
tɕ′	k
dʑ	tɕ
ɕ	x
ʐ	z
k	k′/tɕ
k′	k
g	k
ɦ	h

（二）重度重庆口音海宁话韵母错误

表 6—22　　　　重度重庆口音海宁话韵母错误表

海宁方言	重度重庆口音海宁话
i	iɛ
u	əu
æ	ɛ

续表

海宁方言	重度重庆口音海宁话
ɔ	əu
o	ɤ
əl	ɚ
ia	ie
iæ	iai
uæ	uai
iɔ	iəu
əɯ	əu
iəɯ	iəu
uən	ən
ã	an
ɔ̃	ʌn
iã	ian
uã	uan
iɔ̃	iʌn
uɔ̃	uʌn
oʔ	o
əʔ	ə
ioʔ	io
iəʔ	iə
uəʔ	uə

（三）重度重庆口音海宁话声调错误

表 6—23　　　重度重庆口音海宁话声调错误表

海宁方言	重度重庆口音海宁话
阳平　113	13/24/21
阴上　53	42/41
阳上/31	42/32

续表

海宁方言	重度重庆口音海宁话
阴去 445	35/213
阴入 5	4/3
阳入 2	3

二 中度重庆口音海宁话音类错误

（一）中度重庆口音海宁话声母错误

表6—24　　　　　中度重庆口音海宁话声母错误表

海宁方言	中度重庆口音海宁话
p′	p
b	p
t	t′
t′	t
d	t
n	n
l	n
dʑ	tɕ
ɕ	x
z̩	z
g	k
ɦ	h

（二）中度重庆口音海宁话韵母错误

表6—25　　　　　中度重庆口音海宁话韵母错误表

海宁方言	中度重庆口音海宁话
i	iɛ
æ	ɛ
o	ɤ

续表

海宁方言	中重度重庆口音海宁话
əl	ɚ
iæ	iai
uæ	uai
iɔ	iəu
õ	ʌn
iã	ian
iõ	iʌn
uõ	uʌn
oʔ	o
ioʔ	io
uəʔ	uə

（三）中度重庆口音海宁话声调错误

表 6—26　　　　　中度重庆口音海宁话声调错误表

海宁方言	中度重庆口音海宁话
阳平　113	13
阳上　31	42
阴去　445	35
阳入　2	3

三　轻度重庆口音海宁话音类错误

（一）轻度重庆口音海宁话声母错误

表 6—27　　　　　轻度重庆口音海宁话声母错误表

海宁方言	轻度重庆口音海宁话
b	p
d	t
l	n

续表

海宁方言	轻度重庆口音海宁话
dʑ	tɕ
ʐ	z
g	k
ɦ	h

(二) 轻度重庆口音海宁话韵母错误

表 6—28　　　　　轻度重庆口音海宁话韵母错误表

海宁方言	轻度重庆口音海宁话
æ	ɛ
o	ɤ
əl	ɚ
iæ	iai
uæ	uai
õ	ʌn
iõ	iʌn
uõ	uʌn
ioʔ	io
uəʔ	uə

(三) 轻度重庆口音海宁话声调错误

表 6—29　　　　　轻度重庆口音海宁话声调错误表

海宁方言	轻度重庆口音海宁话
阳平　113	13
阴去　445	35
阳入　2	3

第五节　重庆口音萧山话音类错误

一　重度重庆口音萧山话音类错误

（一）重度重庆口音萧山话声母错误

表6—30　　　　　　　重度重庆口音萧山话声母错误表

萧山方言	重度重庆口音萧山话
p	p'
p'	p
b	p
t	t'
t'	t
d	t
n	n
l	n
dz	ts
dʑ	tɕ
ʑ	ɕ
k	k'/tɕ
k'	k
g	k
ɦ	h

（二）重度重庆口音萧山话韵母错误

表6—31　　　　　　　重度重庆口音萧山话韵母错误表

萧山方言	重度重庆口音萧山话
i	iɛ
u	əu
y	yi

续表

萧山方言	重度重庆口音萧山话
o	ɤ
ɔ	əu
əl	ɚ
ia	ie
ie	iei
ue	uei
uo	o/ue
iɔ	iəu
iɤ	ei
ẽ	ne
iẽ	ien
uẽ	uen
uə̃	uən/ne
yə̃	yn
əŋ	ən/uŋ
oŋ	ən
iŋ	in/yn
uoŋ	uən
oʔ	o
əʔ	ə
uoʔ	uə
yoʔ	yə

（三）重度重庆口音萧山话声调错误

表6—32　　　　重度重庆口音萧山话声调错误表

萧山方言	重度重庆口音萧山话
阴平 44	55/33
阳平 23	35/24

续表

萧山方言	重度重庆口音萧山话
阴上 34	34/23
阳上 13	13
阴去 53	53/43
阳去 31	31/21
阴入 5	4/3
阳入 2	3

二 中度重庆口音萧山话音类错误

（一）中度重庆口音萧山话声母错误

表 6—33　　　　　　　中度重庆口音萧山话声母错误表

萧山方言	中度重庆口音萧山话
b	p
t	t′
l	n
dz	ts
dʑ	tɕ
k′	k
g	k
ɦ	h

（二）中度重庆口音萧山话韵母错误

表 6—34　　　　　　　中度重庆口音萧山话韵母错误表

萧山方言	中度重庆口音萧山话
o	ɤ
əɹ	ɚ
ie	iei
ue	uei

续表

萧山方言	中度重庆口音萧山话
uo	o
iɤ	iə
ɔ̃	ən
iɛ̃	ien
uɛ̃	uen
yɔ̃	yn
əŋ	ən
iŋ	in
oʔ	o
uoʔ	uə
yoʔ	yə

（三）中度重庆口音萧山话声调错误

表6—35　　　　　中度重庆口音萧山话声调错误表

萧山方言	中度重庆口音萧山话
阳平23	35
阴去53	43
阳去31	21
阴入5	4/3
阳入2	3

三　轻度重庆口音萧山话音类错误

（一）轻度重庆口音萧山话声母错误

表6—36　　　　　轻度重庆口音萧山话声母错误表

萧山方言	轻度重庆口音萧山话
l	n
dz	ts

续表

萧山方言	轻度重庆口音萧山话
dʑ	tɕ
ɦ	h

（二）轻度重庆口音萧山话韵母错误

表6—37　　　　　　轻度重庆口音萧山话韵母错误表

萧山方言	轻度重庆口音萧山话
o	ɤ
əl	ɚ
uo	o
iɤ	iə
iɛ̃	ien
uɛ̃	uen
əŋ	ən
iŋ	in
uoʔ	uə
yoʔ	yə

（三）轻度重庆口音萧山话声调错误

表6—38　　　　　　轻度重庆口音萧山话声调错误表

萧山方言	轻度重庆口音萧山话
阳平23	35
阳去31	21
阳入2	3

第六节 重庆口音嘉善话音类错误

一 重度重庆口音嘉善话音类错误

（一）重度重庆口音嘉善话声母错误

表6—39　　　　　　重度重庆口音嘉善话声母错误表

嘉善方言	重度重庆口音嘉善话
p	p′
p′	p
b	p
t	t′
t′	t
d	t
l	n
tɕ	k
tɕ′	tɕ
dʑ	tɕ
ɕ	x
k	k′/tɕ
k′	k
g	k
ɦ	h

（二）重度重庆口音嘉善话韵母错误

表6—40　　　　　　重度重庆口音嘉善话韵母错误表

嘉善方言	重度重庆口音嘉善话
i	iɛ
u	əu
y	yi/yu

续表

嘉善方言	重度重庆口音嘉善话
ɿ	yi
a	ua
ɔ	əu
ø	y
o	ɤ
iɔ	iəu
iɪ	iy
uɛ	uai
iø	iy
ã	an
iã	ian
uã	uan
iɛ̃	ien
uɛ̃	uen
ən	uən
oŋ	uəu
uən	ən
ioŋ	yŋ
øʔ	yʔ
oʔ	əuʔ
iøʔ	iy
ioʔ	iəuʔ
iɪʔ	iyʔ

（三）重度重庆口音嘉善话声调错误

表 6—41　　　　　　重度重庆口音嘉善话声调错误表

嘉善方言	重度重庆口音嘉善话
阴平 53	55/51
阳平 31	35/21
阴上 33	55/334
阴去 335	35/324
阳去 13	35/14
阴入 5	4/3
阳入 2	3

二　中度重庆口音嘉善话音类错误

（一）中度重庆口音嘉善话声母错误

表 6—42　　　　　　中度重庆口音嘉善话声母错误表

嘉善方言	中度重庆口音嘉善话
p	p′
b	p
l	n
tɕ′	tɕ
dʑ	tɕ
ɕ	x
g	k
ɦ	h

（二）中度重庆口音嘉善话韵母错误

表 6—43　　　　　　中度重庆口音嘉善话韵母错误表

嘉善方言	中度重庆口音嘉善话
y	yi
ɥ	yi

续表

嘉善方言	中度重庆口音嘉善话
ɔ	əu
ø	y
o	ɤ
iɿ	iy
iø	iy
iɛ̃	ien
uɛ̃	uen
oŋ	uəu
ioŋ	yŋ
øʔ	yʔ
iøʔ	iy
ioʔ	iəuʔ
iɿʔ	iyʔ

（三）中度重庆口音嘉善话声调错误

表 6—44　　　　中度重庆口音嘉善话声调错误表

嘉善方言	中度重庆口音嘉善话
阴平 53	55
阴去 335	35
阳去 13	14
阴入 5	4
阳入 2	3

二 轻度重庆口音嘉善话音类错误

（一）轻度重庆口音嘉善话声母错误

表 6—45　　　　轻度重庆口音嘉善话声母错误表

嘉善方言	轻度重庆口音嘉善话
l	n
dʑ	tɕ
ɕ	x
g	k
ɦ	h

（二）轻度重庆口音嘉善话韵母错误

表 6—46　　　　轻度重庆口音嘉善话韵母错误表

嘉善方言	轻度重庆口音嘉善话
ɿ	yi
ø	y
o	ɤ
iɿ	iy
iø	iy
iɛ̃	ien
uɛ̃	uen
øʔ	yʔ
iøʔ	iy
iɿʔ	iyʔ

（三）轻度重庆口音嘉善话声调错误

表 6—47　　　　轻度重庆口音嘉善话声调错误表

嘉善方言	轻度重庆口音嘉善话
阳去 13	14
阴入 5	4
阳入 2	3

第七章　结论与思考

三峡移民是我国迄今为止动迁规模最大、涉及面最广的水库工程移民，截至 2004 年 8 月三峡库区总共外迁安置农村移民 16.6 万人，占库区规划搬迁农村移民 40.5 万人的 41%，其中，政府前后组织两批三峡库区移民外迁安置在上海、江苏、浙江、安徽、福建、江西、山东、湖北、湖南、广东、四川 11 个省（市），共 9.6 万人，分布在 232 个县、1088 个乡（镇）的 2000 多个安置点。重庆库区农村移民外迁安置地域分布如下[1]：

表 7—1　　　　　　　　外迁三峡移民分布表

迁入省市	接受安置的具体市县区
上海	崇明县、南汇区、奉贤区、金山区、松江区、青浦区、嘉定区
江苏	盐城市（大丰市、射阳县、东台市）、南通市（如东县、海安县、海门市、通州市、如皋市、启东市）
浙江	湖州市（长兴县、菱湖区、南浔区、吴兴区、安吉县、德清县）、嘉兴市（嘉善县、秀洲区、秀城区、海盐县、平湖市、海宁市、桐乡市）、杭州市（萧山区、余杭区、富阳区）
安徽	合肥市（长丰县）、安庆市（宿松县、怀宁县）、宣城市（郎溪县、宣州区）、马鞍山市（当涂县）、芜湖市（繁昌县、芜湖县）、滁州市（全椒县、来安县、天长市）、铜陵市（铜陵县）

---

[1]　此表根据四川师范大学《开展探访三峡移民寒假社会实践活动的通知》整理而成，http://gqt.sicnu.edu.cn/News/NewsContent.aspx? NewsID = 639。

续表

迁入省市	接受安置的具体市县区
山东	东营市（广饶县）、济南市（历城区、章丘区、长清区）、青岛市（即墨区、胶州市、胶南市、平度市、莱西市）、淄博市（张店区、淄川区、周村区、临淄区、博山区、桓台县）、烟台市（龙口市、招远市、莱州市、蓬莱市、莱阳市）、潍坊市（青州市、寿光市、诸城市、安丘市、高密市、昌邑县）、济宁市（任城区、邹城市）、威海市（荣成市、文登区、乳山市）、泰安市（肥城市）
江西	宜春市（靖安县、宜丰县、奉新县）、吉安市（峡江县）、抚州市（崇仁县）、景德镇市（浮梁县）
湖南	郴州市（北湖区）、娄底市（涟源市）、邵阳市（邵东县）、永州市（冷水滩区、芝山区、东安县、祁阳县）、衡阳市（赫山区、桃江县）、株洲市（市区、攸县、醴陵市）、岳阳市（汨罗市、华容县）
湖北	荆州市（太湖港农场、菱角湖农场、江陵县）、宜昌市（草埠湖农场、枝江市）、荆门市（荷花垸农扬）
四川	德阳市（旌阳区、绵竹市、什邡市）、泸州市（江阳区、龙马潭区、合江县）、资阳市（雁江区、简阳市、乐至县）、眉山市（丹棱县）、内江市（东兴区、威远县）、绵阳市（梓潼县）、南充市（顺庆区）、达州市（渠县、达县、大竹县）、遂宁市（蓬溪县、大英县）
福建	福州市（琅岐区、福清市、长乐区、闽清县、罗源县）、厦门市（集美区、同安区）、宁德市（蕉城区、霞浦县、福安市、福鼎市）、莆田市（仙游县、秀屿区、涵江区、城厢区、荔城区）、泉州市（晋江市、永春县、安溪县、德化县、石狮市、鲤城区、丰泽区、洛江区、惠安县、泉港区）、龙岩市（新罗区、漳平市、连城县）、漳州市（南靖县、龙海市、漳浦县、长泰县、诏安县、云霄县、常山工业区、平和县）、三明市（沙县、明溪县、永安市、三元区、梅列区、清流县、将乐县）、南平市（邵武市、武夷山市、建瓯市、建阳区）
广东	惠州市（博罗县、惠阳区）、佛山市（三水区、高明区）、肇庆市（高要区、四会市、大旺区）、江门市（鹤山市、新会区、台山市）、广州市（增城区）

从表7—1可以看出，三峡移民多数来自西南官话区，而他们的外迁地区遍及官话区、吴语区、粤语区、湘语区、闽语区、赣语区等我国几大方言区，移民在迁入同属于西南官话的四川、湖北安置点后，他们之间的语言差异不大，日常交际一般不会存在问题；但是吴语区、粤语区、闽语区、赣语区这些地区的方言与西南官话的可懂度很小，与西南官话方言差异很大，汉语方言十分复杂，每个方言区内部又可再分为若干"方言小片"等。福建省是闽方言通行的主要区域，闽方言也是汉语七大方言中语言现象最复杂、内部分歧最大的一种方言。按其语言特点大致分为5个方言片，即闽南、闽东、闽北、闽中和莆仙次方言。移民安置地的厦门、泉州、漳州等地属于闽南方言；福州、宁德、福安等地属于闽东方言；建瓯、南平、建阳等地属于闽北方言；三明、沙县、永安等地属于闽中方言；莆田、仙游等地则属于莆仙方言，语言问题对移民的生活有着重要的影响。我们就语言问题，从移民的语言使用情况、语言能力、语言态度及家庭个案分析等方面对江苏的三峡移民进行调查，并对他们在社会变项如性别、年龄、职业、文化程度、移民时间上的群体分布进行深入的研究分析。

由于移民家乡和安置地的方言不同，且两地方言间的可懂度较小，所以移民在安置地都不同程度地受到语言问题的困扰：66.8%的移民认为语言不通妨碍了他们与周围居民聊天交流感情；70.0%的移民认为在工作中因为语言问题受到限制和影响；41.7%的移民认为因为语言不通感到孤立，无法融入当地生活；53.7%的移民因为语言不通，有回老家的想法；32.4%的移民认为孩子的学习成绩受到语言不通的影响。87.3%的移民认为政府应该针对语言问题进行相关指导，但实际上，只有24.9%的移民反映当地政府为移民正在或者曾经做过语言方面的相关指导。由此可见，移民在工作、生活、学习等各个方面都受到语言问题的困扰，并且对于解决这些问题有强烈的需求；但当地政府或者忽视移民遇到的语言问题，或者虽然意识到了但没有找到解决问题的方法，也不具备解决问题的客观条件。虽然普通话可以作为不同方言区的人沟通的桥梁，85.5%的移民也希望能用普通话作为交流语言，但是在实际交流中，并不是所有当地人都愿意使用普通话。据移民反映，有43.4%的当地人不太愿意用普通话交流。所以，移民所遇到的语言困扰只有依靠自己克服，在实际生活中通过与当地人的不断接触来逐渐熟悉和学习当地方言。

通过对江浙三峡移民语言状况的调查研究，我们深感三峡移民语言问题的重要，迫切需要加强研究并予以有效解决。下面阐述对相关问题的思考与建议。

1. 切实加强三峡移民语言状况的调查与研究，及时充分了解和掌握外迁移民的语言使用情况。

三峡移民是我国历代移民潮的延续。过去的移民研究，关注的对象主要限于历史上形成时间较久的移民，是对"既成"的语言事实进行分析，属于"追认"式的研究，而对移民语言发展变化做系统的跟踪记录研究较少。对三峡移民语言发展走向的记录与观测，可以为语言接触和语言融合的历时研究提供参考，并为共时研究提供现实的、客观的数据。同时三峡移民的语言问题也是我国工业化建设时期新的语言国情的一部分，通过对三峡移民语言的调查和研究，可以为我国语言政策、语言规划的制定提供科学依据，弥补我国对社会语言生活和社会语言问题调查、研究的不足。

三峡移民的语言问题研究才刚刚起步，需要研究的问题很多。外迁的三峡移民分布在我国很多省市，而这些地区的经济水平各异，方言差别较大，移民的安置模式也各不相同，这些因素都会对移民的语言问题造成不同程度的影响，所以我们研究三峡移民的语言问题，不能以点带面，而应该扩大研究范围，这样才能更全面、更真实地了解和掌握其语言状况。另外，移民语言的显像时间和真实时间，语言接触过程中的移民语言中介状态及其群体差异等问题，都急需进行详细深入的调查研究。语言是不断发展变化的，三峡移民的语言也是在各种因素的影响下不断发生变化的。我们要对三峡移民语言进行跟踪观测，就要注意语言的时效问题，争取在移民初期就对三峡移民的语言状况有比较详细全面的了解和记录，这样接下来的研究工作才可以事半功倍。

2. 在调查研究的基础上，科学制定相应的政策，为三峡外迁移民的社会交往和语言适应提供咨询与服务，为构建和谐社会作出贡献。

三峡移民的研究一直忽略语言问题，在我们的调查中发现，当地的移民安置部门对移民语言问题的认识也不是很明确，一方面他们意识到语言问题是移民安置中一个需要解决的问题，但又不知该如何解决。另一方面，不少移民又要求政府帮助解决他们的语言问题。面对这种矛盾，通过对三峡移民语言状况的调查和研究，不仅可以了解移民的语言情况，也明确了移民的语言问题。这样就可以有针对性地制定适宜的、科学的政策和方案，为移民提供语言方面的相关服务和指导，化解可能出现的语言接触和语言融合过程中的负效应。比如可以根据不同年龄、职业、文化程度移民的语言能力的差异，有针对性并因地制宜地对三峡移民进行语言培训，组织与当地人的各种互助活动，以提高移民的当地话和普通话水平。另一方面，交流是双向的，所以也要在当地人中宣传重视使用普通话的观念，促进当地人自觉地用普通话与移民交流，减少交际上的障碍。必要时可以在移民工作办公室设置专职或兼职人员，为三峡移民或移民安置地政府机构提供语言咨询和服务。总之，三峡建设部门及各级各地政府应当将移民语言问题与解决移民生活、教育等问题放在一起进行通盘考虑并予以解决，促使国家"迁得出，稳得住，逐步能致富"的移民政策的全面实现，为地方的社会稳定与和谐作出应有的贡献。

3. 通过对三峡移民语言状况的调查研究，我们更深刻地认识到，语言是动态、变化的，语言及语言生活的变化无时不在发生，这正是语言活力的表现。移民语言的变异、变化带有很强的社会性，它受社会政治、经济、文化等因素的影响，同时又会对这些因素产生影响，因此值得政府和学界乃至整个社会充分重视。我们应当顺其自然、因势利导，有效引导移民语言的变化朝着有利于国家、社会和移民群体健康顺利发展的方向前进。移民语言实际上包括各种移民群体的语言，尤其我国目前处在工业建设和社会转型时期，除了三峡移民的语言问题，还有各种工业移民、经济移民、扶贫移民、农民工群体移民等，他们的语言特点及变化有一定的共性，也有各自的特点和规律，应当对移民群体的语言加强调查和研究，进行相应的监测与跟踪调查，研究其变化、发展的趋势和规律，并进行理论概括与研究。

参考文献

陈原：《社会语言学》，学林出版社1983年版。

陈章太：《语言变异与社会及社会心理》，《厦门大学学报》1988年第1期。

陈建民、陈章太：《从我国实际出发研究社会语言学》，《中国语文》1988年第2期。

陈章太：《北方话词汇的初步考察》，《中国语文》1994年第2期。

陈恩泉：《简论双语和双方言》，《语文研究》1996年第2期。

陈章太：《二十世纪的中国社会语言学》，北京大学出版社1998年版。

陈松岑：《新加坡华人的语言态度及其对语言能力和语言使用的影响》，《语言教学与研究》1999年第1期。

陈章太：《再论语言生活调查》，《语言教学与研究》1999年第3期。

陈松岑：《语言变异研究》，广东教育出版社1999年版。

陈建民：《中国语言和中国社会》，广东教育出版社1999年版。

陈恩泉：《双语双方言研究的学科思考》，《学术研究》2000年第9期。

陈章太：《对普通话及其有关问题的再思考》，《语文建设通讯》2000年第7期。

陈章太：《近期中国社会语言学的几个热点》，《世界汉语教学》2000年第1期。

陈章太：《略论我国新时期的语言变异》，《语言教学与研究》2002年第6期。

曹志耘：《浙江金华珊瑚村方言状况》，《中国社会语言学》2003年第 1 期。

蔡寒松、周榕：《语言耗损研究述评》，《心理科学》2004 年第 4 期。

陈英：《新疆温宿县城汉族人群语言现状调查及推普方略研究》，《语言与翻译》2004 年第 1 期。

程瑜、何向：《移民村落的权力博弈与移民的适应——以广东三峡移民村落白村为例》，《广西民族学院学报》（哲学社会科学版）2005 年第 4 期。

陈保亚：《语言接触导致汉语方言分化的两种模式》，《北京大学学报》（哲学社会科学版）2005 年第 2 期。

曹志耘：《方言岛的形成和消亡——以吴徽语区为例》，《语言研究》2005 年第 4 期。

陈保亚：《语言接触导致汉语方言分化的两种模式语言学研究》，《北京大学学报》（哲学社会科学版）2005 年第 2 期。

陈长旭：《湖南省汨罗市大荆镇三峡移民初期当地方言句法研究》，硕士学位论文，湖南师范大学，2009 年。

彭思思：《湖南省汨罗市大荆镇三峡移民初期移民方言句法研究》，硕士学位论文，湖南师范大学，2007 年。

大丰县地方志编纂委员会：《大丰县志》，江苏人民出版社 1989 年版。

裴雷等：《社会网络分析在情报学中的应用和发展》，《图书馆论坛》2006 年第 6 期。

刘军：《社会网络分析导论》，社会科学文献出版社 2004 年版。

刘军：《社会网络分析及其应用案例》，《现代教育技术》2010 年第 3 期。

刘军：《整体网分析讲义——UCINET 软件应用》，第二届社会网与关系管理研讨会资料，哈尔滨，2007 年 1 月。

刘青松：《入湘三峡移民的语言态度及其对语言交际的影响》，《中南大学学报》（社会科学版）2007 年第 1 期。

李星辉、胡花尼：《涟源三峡移民方言与当地方言特点比较》，《中南大学学报》（社会科学版）2007 年第 1 期。

桂诗春等：《语言学方法论》，外语教学与研究出版社 1997 年版。

［美］戴维·波普诺：《社会学》，中国人民大学出版社 1999 年版。

戴庆夏：《社会语言学概论》，商务印书馆2004年版。

戴庆厦、杨再彪、余金枝：《语言接触与语言演变——小陂流苗语为例》，《语言科学》2005年第4期。

风笑天：《现代社会调查方法》，华中科技大学出版社2004年版。

郭熙：《苏南地区的河南方言岛群》，《南京大学学报》（哲学社会科学版）1995年第4期。

高一虹等：《回归前香港、北京、广州的语言态度》，《外语教学与研究》1998年第2期。

郭熙：《中国社会语言学》，南京大学出版社1999年版。

高军等：《语码转换和社会语言学因素》，《外国语》2000年第6期。

郭熙：《苏南地区河南话的归属问题》，《东南大学学报》（哲学社会科学版）2000年第4期。

郭吉安：《三峡库区外迁移民难点及移民心态研究》，《重庆大学学报》（社会科学版）2002年第2期。

郭熙：《马来西亚槟城华人社会的语言生活》，《中国社会语言学》2003年第1期。

郭风岚：《消变中的科洛站话》，《中国社会语言学》2003年第1期。

甘于恩：《四邑话：一种粤华的混合方言》，《中国社会语言学》2003年第1期。

黄明明：《语言接触中的文明崇拜心理》，《语文建设》1991年第8期。

胡性初：《对乳源瑶族自治县部分中小学师生使用双语双方言教学情况的调查研究》，《双语双方言》1996年第4期。

韩子京：《四川石湾话和湖南温塘话声调比较——一种方言从原籍到移民地后的演变轨迹》，《重庆师院学报》（哲学社会科学版）2000年第2期。

胡松柏：《江西上饶县铁山乡多方言情况考察》，《双语双方言》2001年第7期。

傅灵：《方言与普通话的接触研究——以长沙、上海、武汉为背景》，博士学位论文，苏州大学，2010年。

何关银：《论非自愿移民的历史地位与作用》，《重庆大学学报》2002

年第 4 期。

黄晓东：《浙江安吉县官话方言岛研究》，博士学位论文，北京语言大学，2004 年。

郝玉章等：《三峡外迁移民的社会适应性及其影响因素研究——对江苏 227 户移民的调查》，《市场与人口分析》2005 年第 6 期。

何子石：《从语言接触看汉语影响新加坡英语》，硕士学位论文，华中师范大学，2005 年。

何泽仪等：《入湘三峡移民与当地居民的文化融合探析》，《三峡大学学报》（人文社会科学版）2006 年第 1 期。

黄晓东：《浙江安吉县河南方言岛的内部接触与融合》，《语言科学》2006 年第 3 期。

金小梅：《论"渝普"》，《西南师范大学学报》（人文社会科学版）2002 年第 4 期。

蒋文华：《湖南省汨罗市大荆镇三峡移民初期的当地方言词类语法研究》，硕士学位论文，湖南师范大学，2006 年。

邝永辉等：《韶关市石陂村语言生活的调查》，《方言》1998 年第 1 期。

柯惠新等：《调查研究中的统计分析法》，中国传媒大学出版社 2005 年版。

李荣：《官话方言的分区》，《方言》1985 年第 2 期。

李炯光：《三峡库区农村移民心态调查与对策研究》，《社会科学研究》1996 年第 2 期。

李振中等：《湖南衡阳地区三峡移民迁入初期疑问句考察》，《南华大学学报》（社会科学版）2009 年第 10 卷第 1 期。

李振中等：《湖南衡阳地区三峡移民迁入初期语气词考察》，《湘南学院学报》2010 年第 1 期。

李振中等：《湖南衡阳地区三峡移民迁入初期语音特点考察》，《衡阳师范学院学报》2009 年第 1 期。

龙慧珠：《从职业背景看语言态度的分层》，《外语教学与研究》1999 年第 1 期。

刘正光：《言语适应理论研究述评》，《语言文字应用》2001 年第

2 期。

刘玉屏：《正在进行中的汉语方言接触实证研究》，《语言文字应用》2010 年第 4 期。

[英] 莱斯利·米尔罗伊等：《社会语言学中的"网络分析"》，《国外语言学》1995 年第 2 期。

[美] 拉波夫：《拉波夫语言学自选集》，北京语言文化大学出版社 2001 年版。

李华等：《论三峡工程移民的社会融合与社会稳定》，《重庆大学学报》（哲学社会科学版）2002 年第 2 期。

刘英玲：《湖南汨罗大荆三峡移民和当地居民方言接触初期的语音》，硕士学位论文，湖南师范大学，2004 年。

林伦伦等：《广东潮安县李工坑村畲民语言生活调查》，《语言研究》2005 年第 4 期。

吕俭平：《湖南省汨罗市大荆镇三峡移民和当地居民方言接触初期的词汇比较研究》，硕士学位论文，湖南师范大学，2005 年。

刘宗萍：《清代三峡腹地移民社会及其变迁——以云阳、万县为中心的研究》，硕士学位论文，西南师范大学，2005 年。

栗志强：《郑州市都市村庄"流动人口"社区认同感研究》，硕士学位论文，郑州大学，2005 年。

马尚云：《三峡工程库区百万移民的现状与未来》，《社会学研究》1996 年第 4 期。

马德峰：《三峡外迁农村移民社区适应现状研究——来自江苏省大丰市移民安置点的调查》，《市场与人口分析》2005 年第 2 期。

马德峰：《三峡外迁移民置换安置方式探析——对江苏省大丰市移民安置点的调查》，《西北人口》2005 年第 5 期。

潘家懿：《"军话岛"上的语言生活》，《双语双方言》1997 年第 5 期。

皮海峰等：《三峡移民现状的调查与思考》，《三峡大学学报》（人文社会科学版）2003 年第 5 期。

射阳县地方志编纂委员会：《射阳县志》，江苏科学技术出版社 1997 年版。

苏金智：《中国语言文字使用情况调查中的双语双方言问题》，《语言文字应用》2002年第1期。

苏向红：《海宁方言声韵调之研究》，《湖州师范学院学报》1999年第4期。

苏晓青等：《从一家祖孙三代的语言差异看语言变化——徐州方言向普通话靠拢趋势考察之四》，《徐州师范大学学报》（哲学社会科学版）2005年第3期。

苏晓青等：《徐州方言词汇60年来的变化——徐州方言向普通话靠拢趋势考察之二》，《徐州师范大学学报》（哲学社会科学版）2004年第3期。

陶蓓玲：《跨国现象：一个研究移民的新框架——理论剖析与华人案例研究》，硕士学位论文，上海外国语大学，2003年。

谭四华：《湖南省汨罗市大荆镇三峡移民初期移民方言的词类语法研究》，硕士学位论文，湖南师范大学，2006年。

王群生：《荆州"东边腔"语音的历史演变》，《双语双方言》1992年第2期。

王远新：《论我国少数民族语言态度的几个问题》，《满语研究》1999年第1期。

王远新：《论裕固族的语言态度》，《语言与翻译》1999年第2期。

王晓辉等：《三峡外迁移民的社会心态》，《统计与决策》2002年第1期。

王远新：《广东博罗、增城畲族语言使用情况调查》，《中央民族大学学报》（哲学社会科学版）2004年第1期。

邬美丽：《语言态度研究述评》，《满语研究》2005年第2期。

王进：《三峡工程外迁移民社会整合过程中的文化融合》，《汉江论坛》2006年第3期。

徐大明等：《当代社会语言学》，中国社会科学出版社1997年版。

徐大明：《新加坡华社双语调查——变项规则分析法在宏观社会语言学中的应用》，《当代语言学》1999年第1期。

徐杭：《三峡外迁移民的关系网重构——基于浙北P镇的田野调查》，硕士学位论文，华南理工大学，2012年。

肖肃：《西部开发与语言规划——重庆地区语言态度调查研究》，《四川外语学院学报》2003年第1期。

肖肃：《西部开发与语言规划——重庆地区语言态度调查研究》，《四川外语学院学报》2003年第1期。

肖洁：《女性待迁移民自我认知的特征及影响因素——对三峡库区526名女性待迁移民的调查分析》，《中华女子学院学报》2004年第1期。

许佳君等：《三峡外迁移民与浙江安置区的社会整合状况研究》，《西南民族大学学报》（人文社科版）2006年第7期。

徐通锵等：《语言学纲要》，北京大学出版社1988年版。

徐大明：《语言变异与变化》，上海教育出版社2006年版。

徐越：《浙北杭嘉湖方言语音研究》，中国社会科学出版社2007年版。

游汝杰等：《浙江慈溪的一个闽语方言岛——燕话》，《语言研究》1998年第2期。

余志鸿：《语言接触与语言结构的变异》，《民族语文》2000年第4期。

闫丽萍：《新疆少数民族预科学生双语态度的调查与分析》，《民族教育研究》2002年第2期。

余金枝：《经济转型与双语变迁——德夯村双语变迁个案分析》，《民族教育研究》2003年第5期。

姚纳斯等：《三峡移民的社会心理承受力分析》，《统计与预测》2003年第4期。

易伍林：《两类水库移民社会网现状对比研究——以江西永修境内的三峡移民和新安江移民为例》，硕士学位论文，福州大学，2004年。

杨永林：《社会语言学研究：功能·称谓·性别篇》，上海外语教育出版社2004年版。

曾春蓉等：《重庆开县移民原籍方言语音系统及移民后的方言变化》，《武陵学刊》2015年第4期。

祝畹瑾：《社会语言学译文集》，北京大学出版社1985年版。

中国社会科学院、澳大利亚人文科学院合编：《中国语言地图集》，香港朗文远东有限公司1989年版。

庄初升等：《漳属四县闽南话与客家话的双方言区》，《福建师范大学学报》(哲学社会科学版) 1994 年第 3 期。

章忠云等：《安南磨坊村双语现象初探》，《西南民族学院学报》(哲学社会科学版) 1995 年第 3 期。

张树铮：《山东青州北城满族所保留的北京官话方言岛记略》，《中国语文》1995 年第 1 期。

翟时雨：《重庆方言志》，西南师范大学出版社 1996 年版。

曾晓渝：《重庆方言词解》，西南师范大学出版社 1996 年版。

周晶：《人口移动对地域方言和社会方言的影响》，《西安外国语学院学报》1999 年第 4 期。

赵杰：《京北喇叭沟门乡满语透析》，《北京社会科学》2000 年第 4 期。

赵则玲等：《萧山方言的若干内部差异》，《方言》1999 年第 1 期。

祝畹瑾：《社会语言学概论》，湖南教育出版社 2001 年版。

郑丹丹等：《三峡移民社会适应中的主观能动性》，《华中科技大学学报》(人文社会科学版) 2002 年第 3 期。

朱学佳：《从移民家庭的语言变异透析社会及社会心理》，《语言与翻译（汉文）》2002 年第 1 期。

真田信治等：《社会语言学概论》，上海译文出版社 2002 年版。

钟维克：《重庆方言音系研究》，《重庆社会科学》2005 年第 6 期。

张海辉：《不对称的社会距离——对苏州市本地人与外地人的关系网络和社会距离的初步研究》，硕士学位论文，清华大学，2005 年。

赵蓉晖：《社会语言学》，上海外语教育出版社 2005 年版。

Bell, A., "Language Style as Audience Design", *Language in Society*, Vol. 13, No. 2, 1984.

Gal, S., *Language Shife: Social Determinants of Linguistic Change in Bilingual Austria*. New York: Academic Press, 1979, p. 137.

Li Wei, Three Generations, Two Languages, One Family, Clevedon: Multilingual Matters, 1994.

Milroy, L., *Language and Social Network*, Oxford and Cambridge: Blackwell, 1987.